大家之家

文学卷　2

车吉心　谭好哲　主编

泰山出版社·济南·

图书在版编目（CIP）数据

大家之家. 文学卷. 2 / 车吉心, 谭好哲主编. --济南：泰山出版社, 2020.1
 ISBN 978-7-5519-0560-2

Ⅰ.①大… Ⅱ.①车… ②谭… Ⅲ.①作家—列传—世界 Ⅳ.①K811

中国版本图书馆CIP数据核字（2019）第166873号

主　编　车吉心　谭好哲
策　划　胡　威　梁晓东
责任编辑　赵　雨　王艳艳
装帧设计　路渊源

DAJIA ZHI JIA: WENXUE JUAN 2
大家之家：文学卷2

出　版	泰山出版社
	社　址　济南市泺源大街2号　邮编　250014
	电　话　总编室（0531）82022566
	市场营销部（0531）82025510　82023966
	网　址　www.tscbs.com
	电子信箱　tscbs@sohu.com
发　行	新华书店
印　刷	东港股份有限公司
规　格	787 mm × 1092 mm　16开
印　张	14.75
字　数	210千字
版　次	2020年1月第1版
印　次	2020年1月第1次印刷
标准书号	ISBN 978-7-5519-0560-2
定　价	46.00元

著作权所有，违者必究
如有印装质量问题，请与泰山出版社市场营销部联系调换

编 委 会

主　　编　车吉心　谭好哲

执行主编　尤战生　孙书文　曹成竹　董龙昌

本册作者（按姓氏笔画排列）

　　　　　王金凤　王宗辉　王　姮　王　雪　朱　丽

　　　　　刘　青　刘冠成　汤　燕　郑康康　赵　平

　　　　　赵京强　宫　震

序 言

呈现于读者面前的这套丛书命名为《大家之家》。所谓大家，即世界史上科技文化领域卓越非凡之人物，或曰伟大人物，而大家之家，乃大家曾经所居之所也。

在人类文明的发展史上，涌现出无数堪称大家的人物，他们以其令人景仰的道德品行、永载史册的丰功伟业、博大精深的文化创造，将人类历史的浩瀚长空映照得美丽璀璨。这些文明史上的大家，以各自超凡拔俗的人生业绩，在历史的舞台上展示出生命的奇迹与荣光，也铸就了人类文明的辉煌与魅力，其成就、思想与精神为后人所神往、敬仰以至崇拜，成为泽被后世的永恒精神财富。

诚如19世纪英国著名文学家、社会批评家和历史学家托马斯·卡莱尔所言，伟大人物是历史上的英雄，也是世界历史的精华，世界史上所取得的种种成就都烙刻着他们的创造，在广义上说是他们思想的外化和具体化。因此，追随大家的生命历程，与大家相识相知，以他们为人生的借镜与楷模，不仅能够领略人类文明的雄壮景观与创造精华，也能够从中获得无穷的人生教益与生命动力。卡莱尔满怀激情地写道："对于这些伟大人物，无论你以什么方式同他们接近，他们都是你有益的朋友。一个伟大人物，尽管他并不十全十美，我们也不能小觑他，从而失去他的帮助。他是一束光，靠近他就使人愉悦欢欣。他是一束耀眼的光芒，照亮了世界上的黑暗；他绝不仅仅是一盏点燃的灯，而是一颗沐浴着上帝的恩泽而闪闪发光的明星；在我看来，这永不熄灭的光芒使人茅塞顿开，令人刚毅坚强，促人英勇崇高。在它的照耀下一切人无不感到愉快，无论何时，人们都不会因此而生倦意。"这段由衷的赞美，也正体现出本丛书为大家立传的用意所在。

当然，历史上的大家也都是尘世中人，他们之所以能够成就其人生与事业之大，不是靠神灵的独特恩宠，也不完全是靠人生的偶然与运气，而主要是靠个人的努力与奋斗。其努力与奋斗的人生轨迹千差万别难以尽述，然而又有殊途同归的相似相同之处可以言说，其中之一便是家对于人生成长与成败所具有的意义。人人都生而有家。家是生命的孕育之地，是人生的成长之所，也是生命的行走驿站，亲情、友情、爱情、乡情都会在家里留下或深或浅的印记，甚至科技发明和文化创造中的苦思与妙想、艰辛与欢欣等等，也往往冥冥之中与家有着不解之缘。因此之故，历史悠久的家会成为物质文化遗存，名人故居更是成为人们倍加珍视的一种文化遗产。这种遗产是一个国家与民族历史文化成就的重要标志，不仅对于研究人类文明的演进具有重要意义，而且对于展现世界文化多样性也具有独特作用。这又是本丛书聚焦于"大家之家"的用意所在。

"大家之家"，既是大家之故居，也是大家之精神所在，还是人们游览与精神朝拜的场所。作为一种独特的历史和文化遗存，大家故居，虽然历经时光淘洗而往往物是人非或旧貌不再，但依然记录并留下了曾居其中的大家日常生活的点点滴滴，沉淀着历史、人文、经济、社会等诸多信息，成为名人精神的象征物，具有无可替代的人文价值和历史意义。本丛书着眼于通过"家"这种有形的文化遗存，来展现人类无形的精神文化遗产，以期达成对青少年甚至一般社会人士进行优秀文化传承教育之目的，从出版的角度也是希望能够在优秀文化传承教育方面另辟蹊径，作出新的探索。

本丛书从读者易于接受的角度考虑，在书写方式上也做了大胆的尝试。全书各篇都从大家的居住之处切入历史，以专业而通俗、轻松而深刻的文字为大家作传，通过对大家的人生故事、辉煌成就及思想创造的描写与评述，带领读者走进大家的成长过程、情感世界及奋斗历程，进而走进大家的精神世界，领略其博大的思想、境界和胸怀。这种写法以"大家之家"作为精神旅游的目的地，由作者作为一个面对读者娓娓道来的精神导游者，大大拉近了普通读者与伟大人物之间的历史与精神距离，避免了读者由于学识不足或专业隔膜带来的阅读障碍。相信每一位智慧而有志向的读者都能通过书中大家的奋斗经历和辉煌业绩，获得生命启示，点燃生命激情，树立远大理想，沐浴着精神的阳光走上人生奋斗之路，攀上人生理想之巅，像书中的大家一样无愧于自己的人生之旅，绽放出生命的大美与崇高！

谭好哲

（山东大学文艺美学研究中心教授、博士生导师）

2019.7

目　录

济　慈　　　　　　／ 1

普希金　　　　　　／ 21

雨　果　　　　　　／ 39

大仲马　　　　　　／ 61

乔治·桑　　　　　／ 83

安徒生　　　　　　／ 105

果戈里　　　　　　／ 123

狄更斯　　　　　　／ 146

夏洛蒂·勃朗特　　／ 165

屠格涅夫　　　　　／ 190

巴尔扎克　　　　　／ 208

济 慈

英国伦敦北郊的汉普斯特德有一片丛林,春天来临时,这里绿树成荫,美丽的鲜花竞相绽放,无数鸟儿引吭高歌。这片美丽的丛林后面有一幢白色的二层别墅,已有百年历史,别墅前面是一片青翠的草地,绿意盎然,景色宜人。每年都有游客来此参观,不仅因为汉普斯特德美丽的自然风光,更因为英国浪漫派诗歌巨匠济慈曾在这里居住过。这幢别墅被济慈和友人称为"温寓",后人又将其称为"济慈之家"。

济慈是 19 世纪英国浪漫主义诗人。他有着不幸的童年,长大后因热爱诗歌弃医从文,与雪莱、拜伦、骚塞齐名,代表作有《夜莺颂》《希腊古瓮颂》《无情的妖女》《明亮的星》。

温寓最初是济慈的朋友布朗的住所。1818 年,济慈的胞弟因病早夭,济慈非常悲痛,作为朋友的布朗为了宽慰济慈便邀请他同住。后来济慈的恋人芬妮一家买下了温寓。济慈在温寓只住了一年半,却在这里写下了不少著名诗篇,比如《希腊古瓮颂》《秋颂》等。遗憾的是,济慈在 25 岁就因肺结核不幸去世,他的创作生涯只有短短七年(1814—1821)。在温寓的那段日子是济

济慈故居（英国伦敦北郊）

慈诗歌创作的高峰期，并且成为济慈人生中最幸福的一段时光。现在温寓已改名为"济慈之家"，喜爱济慈的人把这里当作了解济慈的最重要的地方。

济慈主张"美即是真，真即是美"，其诗歌想象力丰富、语言清新、色彩鲜明，完美地体现了西方浪漫主义诗歌的特点。济慈的诗歌创作理念散见于其诗歌作品和书信集中，包括诗人无自我、消极能力说以及师古师自然。[1]济慈的诗歌对后世抒情诗的发展产生了重大影响。

爱尔兰诗人叶芝对济慈有过这样的评论："那些从普通梦中醒来的艺术家在这世界上除了虚度光阴和绝望之外还会有什么命运？然而，没有人能否认济慈对世界的爱，记住他从容的幸福。他的艺术是快乐的，但谁了解他的心？当我想起他时，我就像看见一个小学生，他的脸和鼻

---

[1] 参见马玉凤.美即是真，真即是美——济慈诗歌美学述评[J].辽宁大学学报（哲学社会科学版），2006（3）.

子都紧贴一个糖果店橱窗,确实他已埋进了他的坟墓,他的感官和他的心并不满足,因为贫穷、多病和无知,他被关在一切尘世乐趣的门外,这个马厩主的儿子——他本身就是一首华美的歌。"[1]

济慈,这位出身平凡却成就卓越的19世纪浪漫主义诗人,究竟有着怎样的一生?

敏感坚强的少年

1795年10月31日,约翰·济慈出生在伦敦摩盖特旁边一家名为"天鹅与圆环"的客栈。客栈的主人正是约翰·济慈的父亲托马斯·济慈。

这家客栈原本属于济慈的外祖父约翰·詹宁斯。托马斯一开始在这个客栈打工,凭借其勤劳可靠的品质得到了老板约翰·詹宁斯的赏识,不久就被提拔为马厩领班。后来老板的女儿弗朗西斯爱上了托马斯,两人很快就谈婚论嫁。约翰·詹宁斯在女儿婚后主动把客栈的管理权让给女婿托马斯。托马斯和弗朗西斯先后有了济慈、乔治、托姆、爱德华四个儿子和小女儿范妮,其中小儿子爱德华不到1岁就不幸夭折。托马斯把客栈的生意打理得井井有条,一家人的日子过得还算滋润,济慈就这样无忧无虑地一天天长大。转眼间,济慈到了入学的年龄,父母把他送进了附近的恩菲尔德学校。在这里,济慈养成了亲近自然、独立思考的个性,过得充实而快乐,并且遇到一位优秀的老师——克拉克先生。知识渊博的克拉克先生特别青睐爱读书、爱思考的济慈,他后来成为济慈走上诗歌创作道路的精神引路人,是济慈一生的知己。

然而,这样的幸福生活并没有一直持续下去。济慈8岁的时候,一次意外彻底改变了济慈兄妹四人的命运。

1804年4月14日晚,济慈的父亲托马斯驾着马车去学校看望儿子,

---

[1] 刘治良. 漫谈济慈对英国诗歌的影响[J]. 贵州大学学报(社会科学版), 2001(2).

回家的路上，昏昏欲睡的托马斯意外坠车身亡。父亲的意外离世让孩子们悲痛不已，然而更令他们难过的是，父亲去世仅两个多月后，母亲弗朗西斯就改嫁给银行职员威廉·洛林斯。济慈母亲也有自己的难处，毕竟托马斯撒手人寰，她独自抚养四个年幼的孩子实在艰难。可是洛林斯只懂银行事务，对客栈管理一窍不通，嫁给他并不能解当务之急。婚后，洛林斯对济慈母亲并不好，事后证明，洛林斯和济慈母亲结婚只是贪图其财产。一年后，济慈的外祖父老詹宁斯也去世了。老詹宁斯去世前一个月立下了一份遗嘱，将自己的13000英镑一半分给妻子，三分之一给了儿子米德格里，留给女儿弗朗西斯一笔50英镑的年金，剩下的留给了济慈兄妹。可是济慈的母亲弗朗西斯要求将自己的继承数额增加到3500英镑，甚至为此和自己的亲生母亲、弟弟对簿公堂，这大大伤害了她与家人的感情。一年后，法院宣告济慈母亲败诉。官司失败，济慈的继父洛林斯看没得到多少好处，便溜之大吉。经历了一次又一次打击的弗朗西斯狠心扔下了四个年幼的孩子，离家出走。幸运的是，外祖母阿里丝勇敢地承担起责任，她把家搬到距离恩菲尔德不远的埃德蒙顿，精心呵护济慈兄妹，给他们提供成长的避风港。

尽管有外祖母的精心照料，但巨大的家庭变故给10岁的济慈带来的心灵创伤仍然不可能在短期内得到修复。从此以后，济慈变得既坚强又敏感。大多数情况下，他把悲伤藏在心里，将自己好强的性格展示给外人，谁敢欺负他，他就挥起拳头和他们打上一架，发现有同学受欺负时，他也会为其打抱不平。

两年后，济慈崇拜的军人舅舅米德格里退役回家，接管了"天鹅与圆环"客栈。或许是繁重的管理工作压垮了米德格里，他不幸染上了肺结核，一年后撒手人寰。

济慈的舅舅去世后，母亲突然回来了。弗朗西斯回到母亲和孩子身边后，一直卧病不起，经医生诊断，她也染上了肺结核。看到病榻上憔悴的弗朗西斯，济慈的外祖母阿里丝一下子原谅了女儿。作为长子的济慈看到多年未见的母亲病入膏肓，内心很痛苦，也不再怨恨母亲，只想抓住最后的时光好好享受母子间的亲情。14岁的济慈整个寒假都独自承担着照顾母亲的任务。在济慈的精心照料下，母亲的病情有所好转。可惜，就在济慈回学校上课后不久，母亲还是去世了。从此以后，济慈变得更加沉默寡言，整天埋头读书。亲人的相继离世让济慈开始对世间所有美好事物都深感怀疑，他认为美丽是短暂的，终将消失。这种恐惧伴随了他的一生。

事物都有两面性，童年时不幸的经历启发了济慈对自我存在的思考，而这正是成为诗人必备的潜质。不仅如此，济慈在这个时期还爱上了阅读，阅读可以让他暂时忘记现实的苦难，进入一个美好的理想世界。学校的图书馆成了他常去的地方，他阅读了很多名著，开阔了眼界。恩菲尔德学校良好的文学教育激发了济慈丰富的想象力，为他日后的诗歌创作打下了基础。

时光飞逝，一转眼，济慈15岁了，马上要从学校毕业。外祖父给他留下的800英镑他要到21岁才能支配，外祖母也年事已高，决定将自己的财产留给济慈兄妹。为了避免后人再为争夺遗产打官司，外祖母设立了一笔信托基金，并委托了两名她熟悉的商人约翰·兰德·桑德尔和理查德·阿比当监护人。后来由于桑德尔破产，阿比就成了济慈兄妹的监护人，负责管理这笔财产。外祖母并不知道，选择阿比当济慈兄妹的监护人是一个错误，因为在以后的日子里，阿比给济慈带来了无穷无尽的麻烦。

为生计所迫，济慈和二弟乔治选择毕业后进入社会，学一些实用的本领。监护人阿比在伦敦从事茶叶与咖啡贸易，因此想让济慈兄弟俩在他手下做事。二弟乔治听从了阿比的建议，到他的账房工作，但济慈却拒绝做一名茶叶经纪人，因为经商对他没有吸引力。经过一番思考，他决定学医，希望"为世界做些好事"。仔细想想，济慈决定学医和亲人相继染病不治而亡有必然关系，在那个死亡率很高的年代，没有比做一名医生去救死扶伤更高尚的事情了。

有了方向，济慈还需要拜师。正巧，埃德蒙顿的赫蒙德医生招学徒，那里离外祖母家不远，对济慈来说是个再好不过的选择。桑德尔和阿比替他支付了首期学费，济慈于1811年正式告别校园生活，进入赫蒙德诊所成为一名学徒。

酷爱诗歌的医院学徒

在赫蒙德诊所度过了四年的学徒时光后，天性聪慧的济慈很快成为师父的得力助手。济慈利用闲暇时间阅读、翻译、抄录了大量国内外文学作品和历史著作，为日后创作诗歌进行了知识储备，这也启发了他对人类历史命运的关注与思考。在众多作家和思想家中，济慈尤其钟爱英国的弥尔顿、莎士比亚和法国的伏尔泰。

这期间，济慈也从未中断与克拉克先生的联系。诊所离学校只有6公里，济慈会定期去恩菲尔德学校拜访克拉克，从克拉克口中，济慈了解到许多国家大事。听闻英国自由派人士李·亨特因宣传自由思想、批评英政府和摄政王而锒铛入狱后，济慈对李·亨特的行为崇拜不已。从此以后，每次回学校拜访克拉克，济慈都迫不及待地听他讲述李·亨特在狱中的生活。李·亨特为济慈树立了一个为自由勇敢抗争的英雄形象，无形中为他日后反抗赫蒙德和阿比对他的束缚、做出弃医从文的决定积蓄了精神动力。

在一次会面中，克拉克给济慈读了一首17世纪诗人埃德蒙·斯宾塞的《喜歌》，济慈被诗人对婚礼欢乐场面的描写深深打动了。当天，他便从克拉克那里借走了斯宾塞的诗集《仙后》的第一卷。从《仙后》开始，济慈深深爱上了诗歌创造的美丽世界。在斯宾塞诗歌的感染下，他一气呵成写下诗歌《仿斯宾塞而作》。从那以后，济慈开始与诗歌结缘。

1814年，济慈最爱的外祖母阿丽丝与世长辞，享年78岁。外祖母一死，年幼的妹妹范妮只得住到监护人阿比家中，过着寄人篱下的生活。弟弟托姆也离开了学校，和乔治一样，被阿比安排到他那儿工作。济慈孤身一人在埃德蒙顿，孤独感又增加了一层，只有诗歌能给予他慰藉。

故居花园内的长椅

在一年内,济慈相继写出《咏和平》《致拜伦》《致查特顿》《致希望》等短诗,表达了他对政治、艺术与人生的看法。虽然写诗是济慈释放压力的绝佳方式,但他在写作之初对自己的作品并没有太大信心。他把自己写的诗藏起来,连亲人都不知道。通过勤奋的练习,济慈的诗歌写得越来越好,他也渐渐有了信心。

1815年夏天,英国议会通过了一项关于药剂师从业资格的法案,规定药剂师学徒在从业之前必须在伦敦的医院进行至少半年的实习,还要通过药剂师协会组织的考试。济慈早就想离开赫蒙德诊所这方狭小的天地,于是从监护人阿比那里弄到了去伦敦医院实习的费用。这一年9月底,济慈离开了赫蒙德诊所,来到位于伦敦的盖氏与圣托马斯联合医院实习。

盖氏医院如今是伦敦大学国王学院的一部分,在学院读书的学生都把济慈当成杰出校友,引以为荣。当年济慈在医院的实习生活是非常艰苦的,好在济慈非常努力,不久就从众多学员中脱颖而出,成为外科医生的包扎助手,每月有50几尼(当时的英国货币单位)的薪水,但同时要比普通学员缴纳更多的学费和住宿费。济慈的舍友后来回忆,济慈是一个高高在上、沉溺于文学世界的人,与周围的学员不太一样。的确,大多数学员一有空就喝酒打牌、寻花问柳,洁身自好的济慈自然显得有些格格不入。但济慈也并非完全不食人间烟火,有时也会搞一些无伤大雅的恶作剧,比如听课感到无聊的时候,他会在别人的笔记本上随意涂鸦。从埃德蒙顿回到伦敦,济慈也学会了一些时髦的休闲方式,比如打牌、喝红酒、抽雪茄、看拳击赛。

这期间,济慈也没有放弃写诗。他鼓起勇气,从自己所写的诗歌中精心选出最满意的一篇《哦,孤独》,将其寄给李·亨特主编的《观察家》杂志,署名为"J·K",结果这首十四行诗一投即中。这像是一注强心剂,带给济慈莫大的信心,他投入了更多的时间在写诗上,对专业课的学习却越来越厌倦。

虽然上课不太专心,但1816年夏天,聪明的济慈还是幸运地通过了药剂师考试,拿到了药剂师协会颁发的行医执照,具备了在乡间行医的资格。然而,考试通过不代表学业的结束,济慈还要继续在盖氏医院担任包扎助手至第二年三月。通过考试后,济慈决定利用这个夏天剩下的时间好好休息一下。他和弟弟托姆在肯特郡的马盖特群岛玩了三个月,

故居花园

其间读到了英国著名浪漫主义诗人华兹华斯的诗歌，被他的诗歌魅力吸引。华兹华斯对大自然的理解和感受，对济慈诗歌中自然观的形成产生了重要影响。

从马盖特群岛回来后，为了便于照顾因肺病而身体虚弱的托姆，济慈在医院附近的教长街租了一间屋子，兄弟俩暂时住在一起。安顿好弟弟，济慈马上赶到3公里之外的克拉肯威尔见朋友克拉克，并把这段时间写的诗给他看，希望克拉克能把这些诗交给自己的偶像李·亨特先生过目，传达他想和李·亨特会面的期冀。克拉克爽快地答应了。李·亨特读完济慈的诗后，马上欣喜地宣称："这就是真正的诗歌！"当听说济慈就是曾经在《观察家》上发表《哦，孤独》的"J·K"后，李·亨特隐约感觉到一位诗歌天才已经出现，迫不及待地想要见到济慈。在克拉克的安排下，1816年10月的一个早晨，济慈终于在位于康谷的李·亨特的家中见到了他仰慕已久的偶像，李·亨特非常热情地招待了他，二人相见恨晚。从那以后，济慈成了李·亨特家的常客。结识李·亨特开启了济慈生活的"新纪元"，他的人生很快发生了翻天覆地的变化。

冉冉升起的诗坛新星

在李·亨特的引荐下，济慈结识了不少文艺界人士，有画家海登、诗人兼画家雷诺兹、诗人雪莱、《优胜者》周刊编辑约翰·司各特和著名指挥家文森特·诺弗罗。在李·亨特家的聚会上，济慈和他曾经仰慕的人物坐在一起聊天，大家一起讨论艺术，不时就某个问题展开争论，碰撞出思想的火花。聚会上讨论的话题激发出济慈的创作激情，拓宽了他的视野，使他对艺术、人生与社会有了新的思考，所以他的诗歌创作也突飞猛进。在读过约翰·贾浦曼翻译的《荷马史诗》英译本后，济慈内心激动，一鼓作气写下著名的十四行诗《初读贾浦曼译荷马有感》。李·亨特对这首诗大为赞赏，并推荐给朋友们，大家也毫不吝啬地给予赞美。在大家眼中，济慈是一颗冉冉升起的诗歌新星。有一次，在李·亨特家的聚会上，李·亨特向众人提议以"蝈蝈与蛐蛐"为题赋诗，结果济慈最快作完，众人听后纷纷拍手叫绝。这首诗后来被选入英语文学教材，为大众所熟知。可以说，从那时起，济慈诗歌创作生涯的春天到来了。在李·亨特等人的不断鼓励下，济慈开始有了一种复兴英国诗歌的使命感，希望创作出更优秀的诗歌。不久，济慈就创作出400多行的长诗《睡与诗》，集中阐释了自己的诗歌理念。在济慈看来，诗歌中的美有两种完全不同的境界。第一种是由想象在艺术和自然中创造出来的一个纯美的世界。这种境界的美可以给感官带来愉悦，不涉及任何社会层面的考虑，只给诗人自己带来满足。第二种是"更崇高的生活"。这种境界的美不愉悦感官，而是诉诸更深入的理性活动，要进入这种美的境界，须通过思考和求知。这种美的境界是涉及社会生活的，其效用不只是为了满足诗人自己。在两种境界面前，济慈更推崇的是后者。他在诗中明确写道："诗该是人类的朋友，它伟大的目标是宽慰忧虑，提高人的思想。"

1816年12月1日，李·亨特在《观察家》杂志上发表了一篇名为《年轻的诗人》的文章。在这篇文章中，李·亨特介绍了三位青年诗人，分别是雪莱、雷诺兹和济慈。其中，李·亨特称赞济慈是最年轻并且最有希望的诗人。为了让读者进一步了解济慈的才华，李·亨特还刊登了济慈的新作《初读贾浦曼译荷马有感》。除此之外，李·亨特还写了一首十四行诗送给济慈，诗中预言济慈将为英国诗歌增添光辉。济慈读到这首诗后热血澎湃，弃医从文的想法越来越强烈了。

在李·亨特的建议和弟弟们的鼓励下，济慈决定出版一本诗集。他希望脱离医学这个行业，如果诗集的出版能给他带来一些收益，那他接下来专职写作的道路肯定会更顺畅。李·亨特帮济慈联系了出版社，诗集的出版过程也十分顺利，书稿付梓后，济慈开始着手写新的作品。正当济慈思索要写什么的时候，诗人雪莱向他发出挑战。雪莱建议二人来一场友谊赛——在接下来的半年内各自写下四千行诗，看谁最先完成任务。作为一名诗坛新人，济慈凭着初生牛犊不怕虎的勇气接受了挑战。济慈一直对希腊神话中安狄米恩和月神的爱情故事感兴趣，这一次他决定以这个故事为主线，创造一个他心目中的希腊世界。他把这首长诗定名为《安狄米恩》。创作雄心已定，为了全身心投入诗歌创作中，济慈做出了弃医从文的决定。1817年2月7日是外科考试的日子，济慈没有参加，以表决心。监护人阿比为此大为恼火，他觉得济慈简直是疯了。但济慈的内心特别坚定，后来，不管他在诗歌创作道路上遇到多少困难，他也从未后悔做出这个决定。

一个月后，济慈的第一本诗集正式出版了，名字就叫作《诗集》，售价为6便士。诗集出版后，诗人雷诺兹在《优胜者》杂志上发表评论，宣称济慈将超越同时代的拜伦、穆尔、撒缪尔·罗杰斯等诗人，并把济慈与莎士比亚、乔叟作比较。济慈并没有被赞美声冲昏头脑，他认为自己仍然有进步的空间。经过近一年的构思和写作，四千行的长诗《安狄米恩》终于完成。与《诗集》广受好评不同，《安狄米恩》一经问世，外界褒贬不一，评论呈现两极化。批评者认为，《安狄米恩》结构松散凌乱、叙事冗长拖沓、结尾离奇突兀。即使是肯定济慈才华的评论家，在称赞其语言生动、想象力丰富的同时，也不得不承认诗歌存在瑕疵。济慈在与雪莱的诗歌竞赛中也失败了，因为雪莱先于济慈完成了长诗《伊斯兰的起义》。但比起失败，济慈的进步更值得注意。济慈用近一年时间来创作长诗《安狄米恩》，对自己来说是一次非常有意义的挑战，为以后的创作积累了宝贵的经验。果不其然，他接下来发表的长诗《伊莎贝拉》又大受好评。随后，济慈提出"消极的能力"一说，主张诗人在创作时应抛弃对外界事物的情感反应，甚至应抛弃思想上的反应，这为济慈后来的"诗人无个性"说奠定了基础。

1817年12月，在好友海登的安排下，济慈怀着兴奋的心情与当时英国最著名的湖畔派诗人华兹华斯见面。但这次会面并不愉快，因为华兹华斯对济慈的诗不以为然，没有评论太多。华兹华斯的漠视令济慈心中有些不悦。然而，时间会证明一切，多年以后，华兹华斯在济慈墓前承认了这位年轻诗人的才华和他在诗歌史上的地位。

1818年6月，济慈的弟弟乔治与恋人安娜结婚之后移民美国，另一个弟弟托姆的身体一直不好，想到这些济慈心中不免有些伤感。此时，旅行是改善心情的良药。这段时间，济慈常常去好友戴尔克和布朗的住处温特华斯公寓聊天。布朗每年都有外出旅行的习惯，听说济慈想看看外面的世界，便提议二人一起去温德米尔湖区与苏格兰高原旅行。戴尔克夫妇主动提出帮忙照顾托姆。此时托姆病情渐渐稳定，他主动劝哥哥出去旅行，济慈便放心地和布朗一道出游。一路风景美不胜收，令济慈忘记了旅行的疲劳。徜徉于大自然的美景中，济慈体会到了超凡脱俗的博大之美，这种美也是济慈毕生追求的目标。二人一鼓作气，从英格兰徒步来到苏格兰，后来又到了爱尔兰地区，领略了不同的自然风光和人文风情，目睹了英伦三岛人民的生活，对社会的了解也更加深刻了。不料，旅途中济慈由于疲劳过度发烧了，咽喉也有溃疡迹象，他只能独自回到伦敦，提前结束了旅行。济慈的这次长途旅行收获很大，激发了他创作长诗《海披里安》等诸多诗篇的灵感。

回到伦敦后，济慈发现托姆的病情恶化了。接下来的日子里，他一直守在托姆身边。与此同时，一些杂志发表了对济慈的《安狄米恩》的恶毒评论，还对济慈的身世背景进行嘲讽，甚至上升到人身攻击的地步。不过，对于在逆境中长大的济慈，这点打击不算什么。这些谩骂反而使他振作精神，更清醒地认识到诗人的使命。

外出旅行回来后，济慈的生活中还发生了一个重要事件，那就是与芳妮·布劳恩小姐的邂逅。

戴尔克和布朗都居住在汉普斯特德的温寓，济慈常常去温寓拜访他们。布朗出门远行之后，温寓空出来的一部分暂时租给了布劳恩太太一家。布劳恩太太是一位守寡多年的母亲，带着一儿二女。济慈在这里认识了她的女儿芳妮以及儿子山姆。芳妮并不像典型的英国淑女那样端庄娴静，她开朗热情，幽默健谈，在她面前济慈很放松。济慈封闭已久的心渐渐被芳妮打开了，他发现自己爱上了芳妮。可布朗归来后，布劳恩太太一家不得不另找住处，济慈与芳妮虽仍在一座城市，但两人却不能再像之前那样朝夕相处。济慈只好默默放下对芳妮的思念，专心写作，

济慈写给邻居芳妮·布劳恩的一封情书（1819年）

照顾病入膏肓的托姆。最终托姆还是被病魔夺走了生命，去世的时候距离他19岁生日只差两周。这是济慈家族中第四个死于肺结核的成员，济慈感到万分悲痛。托姆死后，济慈的朋友布朗邀请他搬来温寓同住，朋友们想尽各种办法让济慈从悲伤中走出来。善良的芳妮也听说了济慈弟弟去世的消息，她多次前往温寓看望济慈，给极度悲伤的济慈带来莫大的安慰。芳妮和济慈在这个时期走到了一起。

1818年冬天，济慈被芳妮邀请去家中一起过圣诞节，济慈不仅感受到了家的温暖，也感受到了爱情的甜蜜。1819年4月，春天来了，戴尔克一家为了儿子的发展要把温寓卖掉，买主竟然是布劳恩太太，芳妮一家又回到了温寓，济慈和芳妮终于又可以朝夕相处了。爱情激发了济慈的创作灵感，从1月到4月，济慈相继写下《诗人颂》《致幻想》《圣亚尼节前夕》《不要落泪》《该我伤心》《无情的妖女》《致睡眠》《咏名声（二首）》《赛姬颂》等佳作，大多为抒情诗、颂诗、叙事诗。这只是前奏，5月，济慈又写了《夜莺颂》《希腊古瓮颂》《忧郁颂》《闲适颂》四首颂诗，其中《夜莺颂》《希腊古瓮颂》与9月写的《秋颂》被合称为"三颂"，成为济慈颂诗的代表作。在《希腊古瓮颂》中，济慈传达了"美即是真"的哲学理念。爱情的来临让济慈感受到美可以是真实的、永恒的。10月，济慈又写下了《致芳妮》《白天逝去了》《我祈求你的慈悲、怜惜与疼爱》《明亮的星》。《明亮的星》是一首十四行诗：

> 明亮的星！我祈求像你那般坚定——
> 但我不愿意高悬夜空，独自辉映，
> 并且永恒地睁着眼睛，
> 像自然间耐心的、不眠的隐士，
> 不断望着海涛，那大地的神父，
> 用圣水冲洗人所卜居的岸沿，
> 或者注视飘飞的白雪，像面幕，
> 灿烂、轻盈，覆盖着洼地和高山——
> 呵，不，——我只愿坚定不移地
> 以头枕在爱人酥软的胸脯上，
> 永远感到它舒缓地降落、升起；
> 而醒来，心里充满甜蜜的激荡，
> 不断，不断听着她细腻的呼吸，
> 就这样活着，——或昏迷地死去。①

诗里描写了两种境界：一种是理想的爱情，是隐士、圣水、白雪组成的高远的境界；另一种是肉体的痛苦，是充满情欲的人世间。

济慈和芳妮的爱情持续升温，他们决定订婚。布劳恩太太一开始出于对女儿未来生活的担忧，反对女儿嫁给济慈，在布劳恩太太眼里，诗人无法获得稳定的物质保障。但母亲拗不过女儿，加上对济慈的人品的认可，布劳恩太太最终还是同意了，两个人的爱情终于获得了亲人的祝福，济慈的人生仿佛要苦尽甘来了。

---

① 钱青. 英国19世纪文学史[M]. 北京：外语教学与研究出版社，2018：129.

诗人的陨落

在和芳妮订婚后,济慈的心踏实了一些,又继续进行诗歌创作,但后来的作品都没写完,艺术质量也不如前。写完《秋颂》之后的济慈没能好好休息,随后又被各种俗事搞得身心疲惫。他先是为钱操心。为了给大洋彼岸急需用钱的乔治筹钱,济慈料理了弟弟托姆的遗产,抛售了一部分股票先解燃眉之急,后来又向朋友借钱,搞得自己焦头烂额。然后他又为爱情烦恼。由于两人的婚约没有公开,很多人仍然追求芳妮,邀请她参加舞会。芳妮本来就热衷社交,总是不顾济慈的感受和别的男子谈笑风生,这令济慈心里颇为不爽。种种烦恼将济慈的情绪拖入低谷,朋友们发现他的脸色比过去苍白了许多。

转眼圣诞节又要来临了,出版社愿意为济慈再出版一部诗集,将他之前写的《伊莎贝拉》《圣亚尼节前夕》《拉米亚》和那个春天写的诗一并收录进去,诗集定于来年春天出版。同时,他和布朗合写的戏剧《奥托大帝》被德鲁里剧院接受。好友舍温的画作也获得了皇家艺术学院的金奖。这些事情令济慈感到兴奋,他又恢复了往日的活力。

谁知圣诞节一结束,事情发生了逆转,布朗与德鲁里剧院没谈妥,剧本又被拒绝了,别的剧院也不接受,二人陷入被动境地。祸不单行,弟弟乔治又从美国回来找济慈借钱,为了拯救自己在美国的生意。济慈不顾自己拮据的生活,把托姆遗产的三分之二都给了乔治。乔治走后,济慈陷入了穷困的境地。乔治那时其实并不清楚哥哥面临的危机,他这么做也是迫不得已,但济慈的朋友们若干年后仍然觉得是乔治的无情无义导致了济慈病情的急剧恶化。

乔治离开后,伦敦多日的风雪也停止了,这让济慈放松了警惕。一天,济慈衣着单薄地出门办事,晚上乘马车回来的时候,他为了省钱坐在马车外面,没想到外面寒风刺骨,冻坏了身体。回到家以后,济慈就剧烈咳嗽起来,紧接着吐了很多鲜血。一旁的布朗被吓坏了,马上冲出寓去找医生。经医生诊断，济慈感染了结核病菌，并且病得很严重。以当时的医学水平，医生对此也束手无策，只能替他放血来缓解病情。芳妮很为济慈担心，但医生不让她与济慈有过多的接触，只允许她在规定的探视时间与济慈见面。二人不能随时见面，芳妮就坚持待在房间外和济慈聊天，她知道济慈此时非常需要她的支持。

春天来了，万物复苏，温寓前面的花园里一派生机，济慈的病情似乎也有所缓解。他走出房间，看到芳妮穿着春装穿梭在花丛中，他多么希望自己能赶快痊愈，然后像从前那样与芳妮一起在汉普斯特德丛林中散步呀！或许是春天的来临给了他勇气，1820年3月25日，济慈竟然徒步6公里参加了好友海登的《基督胜利进入耶路撒冷》的揭幕仪式，这是济慈人生中最后一次公开露面。4月，连续几个月照顾济慈的布朗要出门旅行好好放松一下。济慈不想再给布朗添麻烦，决定移居肯特希镇与李·亨特为邻。布朗出门旅行前与济慈告别，他没有想到这一别竟成了永别。

离开温寓后，因为见不到芳妮，济慈的情绪变得非常糟糕，他既日夜思念芳妮，又常常怀疑芳妮背叛他，两种情绪的交替缠绕使济慈身心俱疲。6月，济慈肺部再次出血。

1820年7月1日，济慈的第二部诗集《〈拉米亚〉〈伊莎贝拉〉〈圣亚尼节前夕〉和其他诗篇》正式出版。《无情的妖女》虽未被收入，但已于5月在李·亨特新办的杂志《指针》上发表。至此，济慈的《安狄米恩》以后的主要诗作全部发表了。诗集一经发表，很快得到各方关注。除了极少数来自敌营的诋毁文章，大部分评论文章都肯定了济慈的创作才华，特别是超越派系的权威评论家兰姆和《爱丁堡评论》主编弗朗西斯，他们对济慈的第二部诗集给予了很高的评价。自由派人士约翰·司各特在《伦敦杂志》上说，之前《布拉克伍德》与《评论季刊》对济慈的攻击是"由政党一己之私出发给济慈诗誉带来的损失"，是"最确切的不讲道义原则的事情"。在人生的最后时期，济慈的才华终于受到了文坛的肯定。

也许是济慈在诗集出版的准备过程中太过紧张劳累，他的病情再度恶化。6月到7月间，他数次咯血，情况危急。医生的忠告是，他最好马上去气候温暖的意大利，伦敦潮湿阴冷的环境实在不适合他的身体状况。济慈知道他这一去就很可能会与芳妮永别，于是他拖着虚弱的病体艰难地走到温寓，想在离开英国前再看一眼芳妮，看一眼温寓——这个承载了他太多美好回忆的地方。芳妮和布劳恩太太看到虚弱劳累的济慈，二话没说就把济慈接到家里。接下来的几个月，布劳恩太太精心照顾着济慈，使他享受到了久违的亲情，之前济慈与芳妮的误会也自然而然地消除了。对于济慈来说，此时芳妮已经成为他在这人世间最大的眷恋。

与最爱的人告别后，济慈在朋友舍温的陪伴下乘轮船前往意大利。1820年10月，在航行了一个多月后，济慈一行人终于抵达意大利那不勒斯港。又过了一个月，济慈与舍温才最终抵达罗马，住在西班牙广场旁边的小红房接受治疗。舍温本以为意大利温暖的阳光与清新的空气会让济慈好起来。可是到了意大利，济慈的病情却急剧恶化。

1821年2月，济慈意识到自己将不久于人世，他告诉舍温，自己死后墓碑上不要留下名字，只写"这里躺着一位名字用水写成的人"。2月23日午夜时分，刚满25岁的济慈在舍温怀中永远地闭上了双眼，停止了呼吸。济慈死后被葬于罗马城外新教公墓。可怜的济慈终究还是客死他乡，再也没能回到他朝思暮想的祖国，回到他亲爱的芳妮身边。

济慈去世的消息传回了伦敦，朋友们都万分悲痛。一位富有才华的年轻诗人英年早逝，实在令诗坛惋惜。最悲痛的还是芳妮，她始终无法从济慈去世的打击中走出来。济慈死后，她也大病一场，病愈后她戴起寡妇帽和黑纱带，剪掉了长发。直到济慈去世六年后，她才脱下丧服，后来又嫁给了比自己小12岁的犹太人林多。芳妮后半生过得还算幸福，不过她从未真正忘记济慈对她的爱，直至去世都未摘下济慈送给她的戒指。济慈的妹妹范妮一生生活幸福，卓有成就，始终记得大哥对她的关心和疼爱。济慈去世一年半后，他的朋友，同为浪漫派诗人的雪莱溺海身亡，比济慈大14岁的拜伦则在两年后前往希腊参战，后病死于起义军中。因为济慈去世最早，其影响力不如雪莱、拜伦，但论艺术水准，济慈的诗歌毫不逊色。

故居外景

结语

济慈去世后的很多年里,英国诗歌界并没有对济慈给予足够的重视,他的诗集似乎被人遗忘了。直到1829年,一群剑桥大学的学生通过阅读雪莱的《阿童尼》注意到了济慈,对这位命运坎坷的诗人产生了同情和兴趣,主动在罗马演出济慈的历史剧《奥托大帝》。这群学生大力宣扬济慈的诗,使得学术界和出版界出现了一股"济慈热"。通过这种方式,济慈的名字重新走进了人们的视野。

从19世纪中叶开始,文学批评家们孜孜不倦地研究济慈的诗歌作品和书信,从不同的角度对其诗歌进行解读、批评,不断挖掘他的文学和美学思想,认为他的"美即是真,真即是美""消极感受力""师古师自然""诗人无个性"等观点在诗歌史上十分具有独特性和超前性。济慈在颂诗、十四行诗、抒情诗格式上独辟蹊径,这在当时的英国绝对是大胆的尝试。济慈的诗歌富有音乐性的语言、瑰丽的想象和对于美的思索,具有巨大的艺术魅力,这使他当之无愧地跻身于世界级诗人之列。

济慈的诗歌还影响了后世众多诗人的创作，比如浪漫派诗人托马斯·胡德、英国维多利亚时代最伟大的诗人艾尔弗雷德·丁尼森、唯美主义诗人的代表王尔德、象征派诗人叶芝等，济慈为他们的诗歌创作提供了创作灵感、故事内容。在中国，济慈诗歌在新文化运动时期被翻译成中文，受到国人的喜爱，并对现代诗人徐志摩和闻一多的诗歌创作产生了巨大影响。可以说，济慈对英国乃至世界文学的发展都作出了重要贡献。

如今，"济慈之家"依然接待着慕名前来参观的游客，温寓前面的花园依旧一派生机，热爱诗歌的年轻人一遍遍地诵读济慈的诗歌，他和芳妮的故事也被改编成电影。事实证明，济慈的诗歌经受住了时间的检验，具有经久不衰的艺术魅力，已经成为世界文学宝库中的精品。我们有理由相信，济慈的诗歌将如明亮的星星一般，继续在历史的天空散发出光芒，恒久地闪耀。

（撰稿：郑康康）

参考文献

傅修延. 济慈评传 [M]. 北京：人民文学出版社，2008.

傅修延. 济慈诗歌与诗论的现代价值 [M]. 北京：北京大学出版社，2014.

济慈. 济慈书信集 [M]. 傅修延，译. 北京：东方出版社，2002.

刘治良. 漫谈济慈对英国诗歌的影响 [J]. 贵州大学学报（社会科学版），2001（2）.

马玉凤. 美即是真，真即是美——济慈诗歌美学述评 [J]. 辽宁大学学报（哲学社会科学版），2006（3）.

钱青. 英国19世纪文学史 [M]. 北京：外语教学与研究出版社，2018.

屠岸. 济慈诗选（英汉对照）[M]. 北京：外语教学与研究出版社，2018.

徐建纲，王秀银. 济慈诗歌的美学思想探讨 [J]. 电影评介，2007（17）.

普希金

在莫斯科，有一条被称为"俄罗斯的精灵"的街道。起初，它只是个熙熙攘攘、充满世俗味儿的集市，后来竟成了艺术家和贵族的荟萃之地。1830年，有一位俄罗斯诗人曾居住在这条街道的53号，尽管他只住了三个多月，却为这条街赋予了非凡的意义。这条街便是阿尔巴特街，这位诗人就是被称为"俄罗斯文学之父"的普希金。在这里，普希金度过了一段他短暂人生里为数不多的幸福时光。因为这是他与妻子娜塔莉亚·冈察洛娃结婚的地方。

一百多年过去了，如今的阿尔巴特街繁华依旧，错落有致的俄式红色建筑矗立在街区，街道两旁的小摊点林林总总，熙熙攘攘的游客不时弯腰挑选着俄罗斯套娃、编织草帽、暖和的护耳帽，一排排人物肖像画、油画等摆放在两旁，运气好的人还可以买到那些深居简出的画家的画作。这里仍传承着阿尔巴特街的风采——世俗与艺术并存。阿尔巴特街53号是这条街上的明珠，因为伟大的诗人普希金曾住在这里。这是一座蓝色的二层小楼，清新脱俗，临街而立，有一些藤蔓植物攀爬在外墙上。

普希金故居（俄罗斯莫斯科）

    门前是普希金和夫人娜塔莉亚·冈察洛娃的铜像，娜塔莉亚身着束腰长裙，面容娇艳，无愧"俄罗斯第一美人"的赞誉；普希金一袭燕尾服，身材颀长，眼神坚毅，不知道他望的是眼前这位令他又爱又恨的美人，还是这片饱经沧桑、历经变革的土地。推开古铜色拱形大门，展露在人们眼前的是青色石板路。走进屋内，墙上随处可见普希金的挂像以及他与妻子的合照，屋内的摆设依然是过去的样子。白窗帘翻卷，时光仿佛在此停滞，普希金和娜塔莉亚仍在翩翩起舞，沉浸在19世纪悠扬的圆舞曲里……

    对于普希金在文学史上的地位，法国学者亨利·特罗亚在其《普希金传》中做出了极高的评价："在俄国版图上，普希金是第一位在自己国土上创建了世界性文学的作家……他应同但丁、塞万提斯、莎士比亚、拉辛、高乃依、雪莱、歌德、拜伦齐名。"[1] 由此可见，普希金最伟大之

---

[1] 特罗亚. 天才诗人普希金[M]. 张继双, 等译. 北京：世界知识出版社, 2000：763.

处就是使俄罗斯文学一跃登上世界文坛，并且成为一支劲旅，使世界文坛回荡着来自西伯利亚丛林的浩荡之声。

追求自由的天选之子

　　1799年注定是不平凡的一年。这一年，战争的号角四处吹响。俄国将军苏奥罗夫率领部下打败了入侵者；波拿巴将军推翻了执政内阁，成为法国专权君主；沙皇政府依然顽固地推行扼杀革命的政策，但是要求打破专权、呼吁自由的暗流也在涌动。普希金正是在这一年诞生的。他生于一个叛逆的贵族家庭，祖辈做过不少违背当时政界主流的事情，他的父亲和伯父并不热衷于从政，而是选择将文学作为终生追求。这种家族式的叛逆或许使普希金注定拥有传奇的一生。贵族式的家庭教育影响了小普希金的心灵世界。还是孩童的普希金便已开始熟识俄国文学，他贪婪地阅读着从罗蒙诺索夫起直到茹科夫斯基和巴丘什科夫为止的作家写过的一切东西。他的父亲谢尔盖·普希金经常在家里举办文学沙龙，座上宾包括当时的诗坛领袖茹科夫斯基和巴丘什科夫等人，他们在文学和时政方面的争锋开启了普希金的智慧之门。家庭成员中，伯父瓦西里对普希金影响最深，可以说是普希金诗歌创作的启蒙者，他所秉承的"准确、简洁、明白"的理念也成了普希金日后创作的原则。普希金的母亲纳杰日达·奥西波芙娜酷爱阅读法国书籍，外祖母则经常给小普希金讲述俄罗斯历史、沙皇们的私生活故事，以及各种俄罗斯民歌和神话传说。

　　家中浓厚的文学氛围给了普希金极大的熏陶，就连家中的仆人也对他产生了重要影响。普希金与父母的关系并不和睦，他更依赖仆人，比如身边的奶娘、长工尼基塔等人。普希金经常听这些仆人讲述俄罗斯的民间故事和神话传说，他的作品《鲁兰斯与柳德米拉》便有着鲜明的俄罗斯民间故事特色。不仅如此，仆人们鲜活有趣的语言也感染和启发着普希金，为他后来以俄罗斯民间语言为特色的文学实践奠定了基础。

1811年，普希金进入皇村中学学习。在皇村中学的六年时间里，普希金不断扩充自己的知识面，掌握了多国语言，其中法语学得最好，他甚至因此被同学们戏称为"法国佬"；此外他还学习了翻译等课程，并且大量阅读了古典文学、文艺批评、戏剧创作等多方面的书籍。普希金在少年时期就显露出在诗歌方面的天赋，他16岁时为应对考试创作的长诗《皇村回忆》受到了当时著名诗人杰尔查文的高度赞赏。普希金还与一些热爱诗歌的同学一起成立了文学诗社，共同研习和创作诗歌。

在皇村中学的经历使普希金的见识越发广博，也让他的思想日渐成熟。普希金在这所贵族学校里接触了很多当时的进步思想，特别是孟德斯鸠、卢梭等人的启蒙思想，这使普希金树立了追求自由的理想。此外，普希金还受伯父瓦西里的指点，加入了"阿尔扎马斯社"，结识了卡拉姆辛和骠骑兵好友恰达耶夫。在与他们的交流中，普希金更加坚定了自己的创作信念——要写出贴近时代的呼吁自由与消灭专制的叛逆之诗。

普希金在诗歌创作方面有一个最鲜明的特征，就是不懈地追求时代的进步思想，时刻关注现实并站在时代的前沿。在父亲举办的沙龙里，普希金开始明白，文学不只是平心静气地安排韵脚，也是一场不停顿的战争，是意见的交锋，是出击和自卫，可以鼓舞人战斗。这也成为普希金创作之路上的精神指南。在他的创作理念中，诗歌创作不再只是遣词造句，作者不再是"躲进小楼成一统"，诗人的命运不是"摘得宾得山上的桂花"，也不是追求在大理石的宫殿里供人瞻仰，诗人要思考问题，要忍受痛苦，要追求自由，要成为吹响时代号角的人。他的这种创作倾向从歌颂1813年卫国战争就可见一斑。他在信中曾写道："同茹科夫斯基一起可以纵情歌唱，歌唱战场上血腥的战斗和可怕的死亡。"[1]诗人那如熔岩般的战斗热情真挚可感，他歌颂着启蒙运动宣扬的

---

[1] 格罗斯曼. 普希金传[M]. 王士燮, 译. 哈尔滨: 黑龙江人民出版社, 1983: 75.

自由与真理，视之如蓬勃辉煌的太阳，他希望这一真理能够刺透当时俄国的昏暗天空。

1817年，普希金从皇村中学毕业，同年被分配到外交部任职。此时社会正处于"白色恐怖"时期，亚历山大一世不断镇压各地革命；各国统治者已结成同盟，对同盟国出现的革命力量进行武力镇压。同时各种报刊和中小学校也遭到了官方的严格控制。在独裁专制和农奴制度已经发展到极致的情况下，普希金毫不犹豫地站在争取自由的阵营一边，他写出了《自由颂》一诗。在这首诗中，普希金明确表明反对沙皇专制统治，认为践踏百姓的暴君终究会被推翻；尽管暴君挥舞着皮鞭，农奴也要奋起反抗。"当权者啊！是法理，不是上天给了你们冠冕和皇位，你们虽然高居于人民之上，但该受永恒的法理支配。"[1]在这首追求自由、法理与正义的诗中，我们可以看出普希金对18世纪法国启蒙思想的认同。他认为改革农奴制的出路在于"自由"和"法理"的结合，法律条文应该为保障社会利益和个人自由而制定，君主也应该受到法律的约束。

故居大门

---

[1] 普希金. 普希金抒情诗选（上）[M]. 查良铮，译. 南京：江苏人民出版社，1988：256.

故居楼梯

"我要给世人歌唱自由,我要打击皇位上的罪恶。"这句呼喊振聋发聩,也让坐在皇位上的亚历山大一世震怒不已。此后,普希金与十二月党人关系日益密切,十二月党人的思想不仅成了普希金的行动纲领,也贯穿于他的诗歌之中。讽刺诗《乡村》描述了一幅这样的画面:在富庶的田野上、充满美妙风景的大自然里,到处是愚昧得令人心痛的情景,野蛮的地主用鞭子把农民的财产据为己有,人民在这片土地上苟延残喘。当然,此时诗人的思想还未完全成熟,还寄希望于君主改革。但是,《自由颂》《乡村》等诗表明普希金时刻都在关注着这片北方的冷土,关注着处于苦难中的大众。他已经慢慢站在了人民的立场上,表现出超越阶级的人道主义情怀。

呼吁自由、渴望独立始终是诗人普希金内心不灭的光芒,也是贯穿他一生的主线。普希金在外交部的上司曾在正式文件里写道:"年轻的普希金的整个童年饱经辛酸,他毫不留恋地离开了父母的家。他的心没有一丝子女的依恋之情,只有一个强烈渴求独立的热望……"[①]可以说

[①] 格罗斯曼. 普希金传[M]. 王士燮, 译. 哈尔滨: 黑龙江人民出版社, 1983: 51.

普希金的幼年经历决定了他的心灵诉求，但随着阅历的丰富和思想的成熟，他也从起初的追求个体自由逐渐转变为呼唤民众的自由和解放。然而，在引起强烈的社会反响后，《自由颂》"危险的"自由主义倾向也引起了当局的注意，一团阴云正逐渐将他笼罩。

为平民发声的知识分子

在那个时代，一个诗人如果仅仅追求格律辞藻和缪斯的垂青，而不对时代的黑暗丑恶发声、呼唤真理与光明，那么他终究无法摆脱平庸。普希金当然不是这样的诗人。1820年4月，内务部大臣收到了一封政治告密信，有人向沙皇举报普希金创作反政府诗歌。在经过审问和友人的多方陈情后，普希金被流放到南俄的一个小城市叶卡捷琳诺斯拉夫。还没到达叶卡捷琳诺斯拉夫，普希金就不幸染上了疟疾。恰巧此时，普希金遇到正要前往高加索的拉耶夫斯基将军一家，他便随之一同前往高加索。经过顿河时，如火如荼的农奴起义使普希金意识到历史洪流的巨大力量。拉辛、普加乔夫等农民起义军首领的事迹映入了他的脑海，成为他日后创作的素材。

此时，普希金完成了自己的第一首浪漫主义长诗《鲁兰斯和柳德米拉》，引起了诗坛的强烈反响，普希金也从一名有才华的学生变成了引人瞩目的作家。《鲁兰斯和柳德米拉》是他成功地运用历史主义手法和民间传说创作出的俄罗斯风格的神话叙事长诗。这个"阿尔扎马斯社"的"小蛐蛐"一踏入文学界，就是平地一声雷。整首诗歌都在赞颂鲁斯兰的英雄浪漫主义精神，即使困难重重，勇士也能寻回美人；哪怕险象环生，只要坚持就能获取胜利。在诗歌末尾，鲁斯兰变成了人民利益的代表者和执行者，带领人民战胜了入侵者，这篇激荡人心的骑士长诗在高尚的人民战争的胜利中结束。诗歌风格恢宏大气，文笔奇幻瑰丽。诗歌展现出来的对俄罗斯文化的熟稔和语言上的优美，是令普希金一举成名的主要原因。普希金在创作中流露出来的思想也已超越了阶级——真正的英雄应该是属于人民的，必须同自己的国家休戚与共。这种信念日渐成为普希金文学创作的自觉，流亡日子里的所见所闻更加坚定了他的这种思想。

辗转在黑海、高加索和克里米亚的日子里，普希金被大自然深深地吸引。航行在辽阔的黑海上，夜晚头顶星空闪烁，壮美的景观让普希金更加激情高涨，高加索绵亘千里的群山和葱郁的绿海也触发了普希金对自然的"近乎友谊的感情"，"高山""大海"成为普希金笔下不断出现的意象。随后，在基希涅夫，普希金遇到很多志同道合的朋友，与他们的交谈对普希金的创作产生了积极的影响，弗拉基米尔·拉耶夫斯基曾向普希金提出，真正的历史是人民创造的，这与普希金的主张不谋而合。普希金在敖德萨逗留的一年时间里，时局发生了剧烈转折——革命力量被镇压，复辟政权卷土重来，年轻一代陷入深深的失望中。但普希金依然没有改变自己的革命信仰，丝毫不怀疑民主革命会最终胜利。这种信念从普希金少年时代就表现得很明显，他不断地写下关于革命的诗篇，如《孤独的自由播种者》等，坚信即使革命暂时受挫，未来也一定会迎来曙光。

1824年6月1日，对于普希金而言是沉痛的一天——被普希金称为"思想上的另外一位君王"的诗人拜伦去世了。普希金非常喜欢拜伦，在英国，他甚至被称为"拜伦的模仿者"。自从1820年与拜伦结识后，普希金时常因为这"响起的美妙的竖琴声音"而激动不已。但是我们也可以看到二者的不同。拜伦诗篇中的反叛者才能出众，他们反抗国家的强权、社会秩序和宗教道德，但没有明确的斗争目的。他们追求个人自由，却又常常把自己局限在孤独和高傲中，斗争总是以失败告终。这些"拜伦式英雄"对于人生感到深深的失望，他们孤独又不肯屈服。他们的精神特征是反抗、孤傲、浪漫，表现出的是想极力摆脱枷锁的当代人的悲哀。普希金诗中的主人公则热切期待未来，对自由有着乐观昂扬的态度，对国家秩序的重建也有着自己的理想与行动。这是二者最明显的不同。二者精神内核上的共同点，是对现实的不满与反抗。普希金继承了拜伦的

故居展室

思想内核,并且有了行动上的发展。"在自由即将来临之前,他高傲地迎接了死亡",这简洁有力的悼诗,既是普希金对拜伦的致敬,也是他自身至死不屈的写照。

在敖德萨一年的流亡生活中,普希金已经从一个浪漫的幻想家脱胎换骨成为一位清醒的思想家。此时,普希金完成了《茨冈》的创作,这部作品是以他的亲身经历为基础写成的。据说普希金曾经追随一个吉卜赛女郎,在草原上游荡了好多天。普希金被这群生活在草原上,以驯熊、唱歌、跳舞、算命为生的吉卜赛人深深吸引。追逐生命中的自由,不受社会秩序的捆绑,这也许是普希金骨子里的浪漫情怀吧。《茨冈》以城市失意青年阿列科杀死南方吉卜赛女郎泽姆菲拉的故事为中心展开。青年阿列科厌恶城市生活,一心想反抗城市文明,当他遇到吉卜赛女郎泽姆菲拉后,便对其产生了爱意。他以为自己与泽姆菲拉结合就可以摆脱城市里金钱和权势的束缚,殊不知这只是幻觉。诗中表现出的贫与富、城市与荒野、厌世主义者与自由生存者之间的巨大差异,极大地震撼着读者的心灵。这部作品不仅展现出普希金强烈热爱自由的愿望,也告诉我们"拜伦式的时代忧郁者"只能回头面对现

故居展室

实才能获得解脱，否则只能自取灭亡。

此后，因为创作政治讽刺诗，普希金被认定是"为平民发声的粗俗知识分子和危险的政治活动家"，按照程序被定为国家要犯。普希金从敖德萨移居米哈耶罗夫斯科耶村，回到了父亲的领地，其实是被幽禁了起来。很快，暴风雨来临了。1825年11月末，亚历山大一世驾崩，圣彼得堡发生暴动，史称"十二月党人起义"。紧接着部分起义者被抓了起来，其中就有很多与普希金志同道合的朋友。听到消息后，普希金忍痛烧掉自己的很多手稿，他虽然没被逮捕，却也受到了审讯。在自由运动遭到可怕镇压的时候，很多人认为普希金背叛了初衷，殊不知他仍忠于十二月党人的基本思想，只不过此时他要将政治思想和宗教思想暗藏在心里，对必然要发生的事不再做不理智的反抗。1826年9月，普希金收到新沙皇尼古拉一世的简信，命他回莫斯科，接受进一步审讯。尽管前途渺茫，可能面临再次被流放或者监禁的境况，但他仍毅然决然地回到莫斯科。此行，他也将一生中最宝贵的东西带在身边，那就是《叶甫盖尼·奥涅金》和《波里斯·戈杜诺夫》的手稿。

波尔金诺之秋

法国历史学家基佐曾经这样评价尼古拉一世："这是一位演员，他对戏剧效果要比对历史事件本身更有兴趣。"尼古拉一世将普希金召回莫斯科，表面上假装施与"恩典"，实际上是为了限制其独立活动。普希金不是没有看穿尼古拉一世的用心，但在审讯过程中，普希金的态度依然勇敢而坚定："我会站到叛乱者的行列里。"普希金表明："我的竖琴质朴而高尚，从不曾将世间的神赞颂；我以自由而无比骄傲，从不肯对权贵巴结逢迎；我只学赞美自由，只肯向它奉献我的诗作。"尽管普希金可能做过妥协，但不可否认他的立场仍是坚定的。对这位文坛的领袖、文学团体的核心，当局的审查越来越严格。1827 年，沙皇政府就《安德烈·雪尼埃》在社会上广泛流传一事又传讯了普希金。这部诗作带有明显的对革命党人的同情，在审查愈发严格的形势下，这无疑是对当局的挑战。几经传讯审问，普希金免于被流放的厄运。在随后的日子里，为了躲避当局的"恩典"，加之普希金一直有很强烈的上战场的愿望，他跑到了土耳其前线。在那里，普希金遇到了他的十二月党人好友，与他们一同在高加索军团征战。战争的残酷血腥、地势的险峻、异国的环境、和好友的并肩战斗，让普希金获得了暂时的精神解脱，丰富了他的创作题材。

1828 年 12 月，普希金遇到了人生的重大节点，那就是结识了"俄国第一美人"娜塔莉亚·冈察洛娃。她穿着一身飘逸靓丽的白连衣裙，头戴金发箍，她的面容有着古典式的端庄，目光深邃。普希金立即被这位少女的风采倾倒，以至于头晕目眩。诗人的浪漫天性使得他当即向这位少女求婚，却遭到了少女父亲含糊其词的回应。几经波折，普希金终于求婚成功并与娜塔莉亚订婚。此后普希金又回到了波尔金诺村，管理父亲留给他的领地。

在爱情的催发下，在波尔金诺的 1830 年成为普希金创作的高产期和巅峰期。在这个单调荒凉的小村子里,普希金不得不履行他的义务——查看领地的账目,听农奴的各种诉状,目睹各种贪官污吏的丑恶言行和农奴在地主压迫下的悲惨生活……在深入了解农村生活之后,普希金对农奴制有了进一步反思。同时,普希金还注意搜集生活中的素材。他经常在乡村的灌木丛里细心倾听老百姓的语言,把当地民众用的俚语记在心里,搜集伏尔加河中游平原的传说、歌谣等。在此基础上,普希金创作了大量诗篇甚至小说集,例如《吝啬骑士》《戈柳新村史》《石客》《瘟疫流行时节的宴会》和《别尔金小说集》,最重要的是完成了长篇诗体小说《叶甫盖尼·奥涅金》最后两章的创作。

《叶甫盖尼·奥涅金》的创作开始于1823年5月,当时俄国国内正处于革命由高潮转向低迷的阶段,也是亚历山大一世控制最严酷的阶段。一些出身贵族、受过良好教育的年轻人追求独立自由、要求改变社会现状,但是由于受到社会环境的压制以及自身的阶级局限,他们精神彷徨,找不到出路,于是在颓废忧郁、碌碌无为中消耗生命。普希金敏锐准确地抓住了时代特征,塑造了以奥涅金为典型的"多余人"形象,使其成为一代贵族青年的真实写照。普希金采用诗体的形式创作了这部长篇小说,这种遒劲有力的题材充分展现了19世纪上流社会和普通百姓的生活面貌。小说描写当时俄国的风土人情,讽刺莫斯科贵族颓废、奢靡的生活,再现乡间简单质朴的生活状况,从上至下,不一而足,也无怪乎被称为"俄罗斯的百科全书"。至于主人公奥涅金,我们可以看到这是一位进步青年,他对农奴抱有同情心,想搞农奴制改革却无奈受阻,不被乡绅贵族们理解,被人们称为"怪人"。他早期流连于上流社会,拈花惹草,内心却又钟情乡村宁静的生活;他厌世,对什么都漠不关心,但是对自己的人生又能进行严厉的批判。灵魂深处的自我矛盾和挣扎,使主人公的光辉得以呈现。别林斯基对这个人物给予了高度评价,他认为奥涅金是一个"高尚的人",只是被时代无情地抛弃了,"心灵里有着高尚的情操"。可以说,奥涅金是对当时有理想和批判精神的贵族青年的成功描绘。在这部小说里,普希金最喜

故居内景

欢的人物形象是达吉雅娜,这个人物被寄予了普希金最纯真理想的情怀。这是一位不爱炫耀、爱思考、淳朴正直、勇敢追求幸福的少女形象,被普希金称为"我可爱的理想""灵魂上的俄罗斯人"。达吉雅娜性格坚强,勇于自我牺牲,她勇敢地追求奥涅金,甚至在奥涅金失踪之后依然到处追寻他的精神脚步;在嫁给将军之后,她没有堕落腐化,仍保持内心的淳朴,不耽于娱乐奢靡的生活,也能遵循内心的道德准则,义无反顾地拒绝了奥涅金的回头;她喜爱乡村,嫁给将军之后想到的仍是乡间简陋的小屋、荒芜的花园和树荫下的坟墓;她给予贫苦之人的救济也展现了她的人道主义。她是俄罗斯妇女道德的典范、人格的楷模。不管时光怎样流转,达吉雅娜高尚的人格魅力都会获得人们的赞赏和喜爱。《叶甫盖尼·奥涅金》是普希金的巅峰之作,其饱含深情与批判性的文笔寄托了他对现实的认识,被公认为俄国现实主义文学的奠基之作,标志着俄国文学已经摆脱了对西方亦步亦趋的状态。它的影响十分深远,我国 20 世纪二三十年代的文学创作,比如鲁迅笔下的涓生、巴金笔下的觉新等形象,都有这一作品中人物的影子。

《别尔金小说集》由五篇短篇小说组成,作者假托乡间地主别尔金来叙述，将目光聚焦于小人物，比如棺材铺老板、退役军官、村姑小姐等。在这一系列小人物中，驿站长维林最能打动人心。维林是一个官职卑微的小吏，为人忠厚老实，将希望寄托在女儿身上。女儿年轻貌美，有一天被路过的骠骑兵看中并带到城里过富裕的生活。维林不知实情，担心女儿远离家人受欺负，便尽力寻找，可他找到女儿后却被赶了出来，最终抑郁而亡。这篇短短的小说充满了普希金强烈的人道主义关怀。维林的"小人物"形象也开启了俄罗斯文学史上描写小人物的先河，这种描写社会心理的现实主义风格日后也在俄罗斯得到空前的发展。

《叶甫盖尼·奥涅金》和《别尔金小说集》等著作的发表，让世界看到了普希金，也让俄罗斯文学之花绽放在世界文坛。普希金从俄罗斯民族语言的源头寻起，以一己之力将俄罗斯本土的文学推向巅峰、推向世界。可以说，普希金就是俄罗斯民族文化的心脏。

"俄罗斯文坛上的太阳陨落了"

> 我性喜战斗——我爱刀剑的振鸣，从幼小时，我就向往战场的美名。我爱战争的流血的嬉戏，而死亡我是不怕的；我亲昵着死底冥想。在花一般的年龄，谁要是为自由作忠实的战士，而不预见死在前头，那么，他就没有尝到充分的欢欣，他也不值得美丽的女人的爱吻。①

普希金这首写于1820年的诗歌竟然一语成谶，言中了他的命运。

普希金的一生是战斗的一生。据说在普希金的童年时代，保罗一世曾经向普希金的奶娘发出过警告，因为奶娘在走到皇帝面前时，没有将刚满周岁的普希金的帽子摘下来。虽然这只是街谈巷闻，却也预示着普希金一生与沙皇政府的对立关系。诗人在三十八年的生命里，经历了三

---

① 刘国利.走近歌德、拜伦、普希金 上[M].查良铮，译.西安：西安出版社，2009：5.

代沙皇政府——保罗一世、亚历山大一世、尼古拉一世。这三位沙皇的执政期都处于工业革命之后，新兴资产阶级迫切要求发展工业，然而以土地领主制为基础的封建制度势必阻碍工业文明发展，于是以法国大革命为代表的资产阶级革命很快席卷西方，传统势力组成同盟，镇压资产阶级势力。面临这样的时代浪潮，保罗一世采取"铁条式的统治"来恐吓国内的革命分子，但是星星之火，势在燎原。保罗一世时期，普希金尚幼，亚历山大一世时期，普希金开始有了自己的独立认识。亚历山大一世的政策是极力在两个极端之间找平衡，喜欢用政见相左的人做顾问，一方面加强自己的专制政权，一方面炫耀最新式的进步观点，用貌似自由民主的外衣掩盖其专制统治。接受过法国启蒙思想、熟读伏尔泰和拜伦作品的普希金并不喜欢亚历山大一世。他曾一针见血地指出他的虚伪，不止一次用讽刺诗痛斥沙皇的口是心非、两面三刀和出尔反尔。对于尼古拉一世，普希金也持相同的态度，在看清了沙皇政府的本质之后，他对于革命党人的亲近明显地表明了他的态度。普希金曾与友人一起创办《现代人》杂志，宣扬时代进步思想。在与强权的斗争中，普希金从不怯懦，他坚持法理、正义和自由。不同于"奥涅金"们，他没有在迷茫悔恨中度过一生，而是坚定地走在时代先锋阵列中，以笔为刀，用锋利的刀刃剖示俄国社会的腐朽，使其焕发新生。这就是普希金，一个不屈服的灵魂、一位战士。

1831年，普希金在莫斯科同娜塔莉亚·冈察洛娃举行了婚礼。这是一段浪漫又让人唏嘘的婚姻，结婚之初就暗藏着悲剧的种子。普希金在娜塔莉亚同意结婚时，感觉到她的一双手是冷冰冰的，这一感受深深地印在了普希金的记忆里。实际上，娜塔莉亚对于普希金的感情也确实如此。她孤僻而胆小，是个没什么主见、听从父母安排的女人。她对于文学没有过多的研究，对普希金的诗作并无特殊的感受，甚至在婚后当普希金为她献上自己的诗作时，娜塔莉亚也是不耐烦的样子。可以说这两人并不志同道合，可是对美的追求冲昏了普希金的头脑，错误从那一刻起就不可挽回地发生了。普希金天生风流多情，与娜塔莉亚的两个姐姐都有染，这种性格决定了他并不适合成家立业，而娜塔丽亚所受的传统教育也使她不适合与如此性情的普希金共同生活。娜塔莉亚的相貌着实出众，不仅许多贵族迷恋她的美貌，甚至沙皇尼古拉一世也多次在公众场合邀请她跳舞并到宫中游玩，这一切让普希金痛苦不堪。此时又发生了一件事。法国退役军官丹特士在见过娜塔莉亚之后就开始疯狂追求她。丹特士年轻英俊、风趣优雅，在数番情感轰炸后，他终于俘获

普希金与娜塔莉亚铜像

了娜塔莉亚的心。然而这位喜欢玩弄感情的军官却转而追求娜塔莉亚的姐姐叶卡捷琳娜。他与叶卡捷琳娜完婚后，仍对娜塔莉亚暗送秋波。此时，整个上流社会都在无声地看着这场风流戏。普希金早已受够这种备受侮辱的生活，于是他向丹特士发起了决斗。在决斗中，普希金不幸被丹特士击中，三天后离开了人世，一代诗歌天才就此陨落。在弥留之际，他对娜塔莉亚说"我爱你的心灵胜过容貌"，并嘱咐娜塔莉亚另择配偶。但是，娜塔莉亚带着与普希金所生的四个孩子始终未再婚，直至终老。

对于普希金而言，自由、正义、尊严是人的立身所在，不容亵渎。这不仅是一种立身处世的原则，更是一种要付诸实践的政治信仰。或许是他的这种傲气，这种古典时代流传下来的骑士精神，使他不惜以生命为代价捍卫自己的尊严。虽然诗人已逝，但是他的灵魂和他的作品却长

存不朽，正如他在《纪念碑》一文中所写："不，我不会完全死去——我的心灵将越出我的骨灰，在庄严的琴上逃过腐烂……"①

匈牙利著名马克思主义文艺理论家乔治·卢卡契认为，普希金是一位著名的、有巨大影响的、为人民所喜爱的诗人。从果戈理、别林斯基起，直至托尔斯泰和陀思妥耶夫斯基，虽然他们崇拜普希金，但他们都在不同程度上低估了普希金的历史意义。在笔者看来，普希金的重要性，或许用大文豪高尔基的评价更合适："普希金好像在寒冷而阴沉的国度上空，燃起了一个新的太阳，而这太阳的光线立即使得这个国度变得肥沃富饶起来。"的确，普希金就如同俄罗斯这片广袤土地上的一轮红日，驱散了这个国家的寒冷，不仅使人们感到温暖，更使人们感到热血沸腾。时光拉长了俄罗斯的历史，但世人对于普希金的热爱却与日俱增。没人说得清这是什么原因，或许就像"李杜"的诗歌已融入中国文化基因一样，普希金的诗歌也已深深地融入了俄罗斯文化的血液里。"我的名字将传遍伟大的俄罗斯，她的各族的语言都将把我传唤：骄傲的斯拉夫，至今野蛮的通古斯，还有卡尔梅克，草原的伙伴。我将被人民喜爱，他们会长久记着我的诗歌所激起的善良的感情，记着我在这冷酷的时代歌颂自由。"如今，普希金的预言实现了，每天都有世界各地的人前来瞻仰这位诗坛天才的风采，其中还有许多天真稚嫩的儿童。我们相信，普希金和他的诗歌如同太阳一样，无论何时何地都能给人们带来光明与希望。

（撰稿：汤燕）

---

① 普希金.普希金抒情诗选 下[M].查良铮，译.南京：译林出版社，1991：530.

参考文献

格罗斯曼. 普希金传 [M]. 王士燮,译. 哈尔滨:黑龙江人民出版社,1983.

卢卡契. 卢卡契文学论文集 [M]. 北京:中国社会科学出版社,1981.

普希金. 普希金抒情诗选 [M]. 查良铮,译. 南京:江苏人民出版社,1988.

普希金. 普希金抒情诗选 [M]. 查良铮,译. 南京:译林出版社,1991.

宋德发,张铁夫. 论普希金的历史文学创作 [J]. 外国文学研究,2011.

特罗亚. 天才诗人普希金 [M]. 张继双,等译. 北京:世界知识出版社,1983.

吴晓都. 俄罗斯诗神·普希金诗歌 [M]. 海口:海南出版社,2000.

张铁夫. 论普希金的文化归属 [J]. 外国文学研究,2007.

雨 果

法国巴黎闹市区的小巷深处，有一个不大的四方广场，名叫孚日广场，这里是巴黎最古老的皇家广场。广场周围，三十多栋富丽堂皇的昔日贵族府邸鳞次栉比，拱廊环绕。这些楼宇除了中间的国王阁和王后阁之外，其他建筑的风格完全统一，粉红的砖墙和斜坡式的青石板屋顶在葱郁的草木掩映之下更显古意盎然，高耸的白色烟囱就像钢琴的白色琴键，与深灰色的屋顶相得益彰，房屋仿佛也有了律动一般。在这"黑白键"之间，时光不间断地弹奏着只属于它自己的音符。岁月的乐章不断演奏着，那些曾经权倾一时的政客们，最后都成了故事里的人，甚至今人已对他们提不起任何兴趣。只有那些真正走进人们内心的人，才会永远被铭记。"唯一活在法兰西人民心中的伟人"（罗曼·罗兰语），同时也是"极少数的真正受到民众欢迎的作家之一"（萨特语）的维克多·雨果，便在这里度过了他人生中十六年的时光。

1832年，为了改善家庭的居住环境和满足社交需要，雨果租下了孚日广场东南角六号楼的二楼，将家安在了"皇家广场"这个最能代表权势的地方，作为他人生旅程中段的停泊点。在这

雨果故居（法国巴黎）

里，雨果充分展示了自己收藏的癖好，网罗了各个时代稀奇古怪的小玩意儿，并且用自己独特的审美，将这个家装点得古朴又华丽。在孚日广场居住的十六年时间里，雨果完成了《玛丽·都铎》《巴黎圣母院》等多部小说、诗集和剧本的创作，巩固了他浪漫主义诗人的地位。他人生中另一部重要的小说《悲惨世界》虽然是在1861年出版的，但关于这部小说的创作构思和大部分腹稿，都是在这儿完成的。

如今的孚日广场已没有了往日的浮华与喧嚣，只有中间国王阁和王后阁底部供马车出入的高大拱廊还能显现出这里曾经与权贵有着密切的联系。作为今天孚日广场的名片，雨果故居是游客游览的重头戏，这也足以看出雨果对后世的影响。无论是雨果奋笔疾书时的书桌，还是那小小的墨水瓶，抑或是其他遗物，都见证了一代大师曾经的辉煌。时光也仿佛定格在了那如火如荼的岁月里。看，楼下的广场上，爱斯梅拉达在翩然起舞，卡西莫多又在墙壁上攀爬，阴暗的角落里，无助的芳汀被人拔了牙齿、铰了头发，而那街道上，无数人又涌上了街头，用血肉之躯与敌人抗争。

作为一个有良知的作家，雨果在创作生涯开始的时候，便已将现实作为自己的创作源泉，尽情书写着自己对社会的看法。从巴黎街头的流浪者、食不果腹的饿童、陋巷里的妓女，到愤怒的革命者们射出的子弹、倒在血泊里的尸体，再到王公贵胄们喧闹的喜宴、盛大的加冕仪式，统统在雨果的审视范围之内。无论是权倾一时的政客，还是为自由抗争的人们，抑或是社会最底层"被侮辱与被损害的"人，尽管他们出身不同、遭遇不同、结局也不同，但在雨果笔下却有着相同的评价标准，那就是是否有"爱"，是否能"爱人"。在他的作品中，人道主义思想如同一条红线，贯穿始终。费力从官兵手中救出爱斯梅拉达的卡西莫多；从逃犯变成慈善家，并在紧要关头放走死敌沙威警长的冉·阿让；与惊涛骇浪和凶恶的章鱼搏斗，牺牲自己成全他人的吉利亚特；在生死关头面临痛苦抉择的朗德纳克、郭文和西穆尔登……这些人身上无不闪耀着人性的光辉，集中体现了雨果崇高的人道主义思想。在《九三年》中，雨果发出了那振聋发聩的一声："在绝对正确的革命之上，还有一个绝对正确的人道主义。"这也代表了雨果人道主义思想的核心，一切都应以人为本，通过关注每一个人的生存状态来帮助他们实现真正的幸福。雨果的人道主义思想影响深远，正如同英国诗人斯温伯恩曾评价的那样："他起的精神作用，从最根本和最高的意义上说，是治疗和安慰，是拯救和预示未来。"[1] 而雨果的这些思想，最初来源于其父母。

天才少年

1802年2月26日，在法国东部城市贝尚松，共和国的下级军官莱奥波德·西吉斯贝尔·雨果少校家的第三个孩子降生了。由于前两个孩子都是男孩，雨果夫妇迫切地想要一个女孩。为此，在孩子降生前，夫

---

[1] 巴雷尔. 雨果传[M]. 程曾厚, 译. 上海：上海人民出版社, 2007：前言页.

妇俩已经取好了名字——维克多丽娜,小雨果出生后,名字即变成了"维克多"。"维克多"和"维克多丽娜"在法语中都是"胜利"的意思,这正合行伍出身的老雨果的心意。然而,望着襁褓里羸弱的婴儿,雨果母亲却只希望他能够健康成长,远离军队与战争。

曾有人评论"雨果父母的婚姻是两个不同政见者的浪漫结合"①。雨果的母亲索菲是船主的女儿,她的父亲是保皇党人,把她抚养长大的姑母也是保皇党人,所以她终生都是保皇党的支持者。在丘比特之箭射向她之前,雨果母亲怎么也想不到自己会爱上共和国的一个军官。爱情总是盲目的,但是随着时间的推移,曾经甜蜜的爱情渐渐被单调乏味的俗事冲淡。雨果父母也渐渐看清生活的真相,原来婚姻中除了柴米油盐之外,还有不同政见带来的无休止的争吵。雨果母亲强烈地谴责战争,她向往童年时期那种宁静的乡村生活,厌弃自己曾经目睹过的残酷的战争、可怕的杀戮。而作为战争的执行者,雨果父亲却竭力为自己的使命辩护,他认为战争摧毁了一些旧的东西,又孕育了一些新的东西,而且作为新生共和国的基层军官,雨果父亲只能严格地执行命令。最终,二人都厌倦了对方,也厌倦了这段婚姻,于是各自找到了新的人生伴侣,开始了新的生活。

童年时期,对雨果影响最大的莫过于他的母亲索菲,就像雨果在自己的一首诗中提到的那样:"我有一天也许会对你讲明,对于我刚出世就注定夭折的生命,她倾注多少乳汁、多少祝愿和爱心,给我两次生命的,是我固执的母亲,天使脚边拖着的三个儿子都很小,母亲播撒爱心时,可从不计较多少!"②在与丈夫分居后,索菲显示出了她坚强而又伟大的一面,她带着三个孩子在巴黎找到了一处老旧偏僻的房子租住了下来,雨果的童年便是在那儿度过的。雨果遗传了母亲坚强的性格与悲天

---

① 晏小萍,谢伟民. 大海的胸怀:雨果和他的世界[M]. 海口:海南出版社,1993:9.
② 雨果. 雨果文集:第八卷[M]. 程曾厚,等译. 北京:人民文学出版社,2002:136.

故居大门

悯人的思想,他后期文学创作中体现出的人道主义思想,便来自他母亲。雨果母亲对他的影响还体现在政治倾向上,他最初的政治立场是偏保守的,这也反映在他前期的诗歌创作中。雨果在其前期相当多的诗作中都表达了对王权的狂热支持和对天主教会的崇拜,这似乎与后期那个与人民站在一起的雨果差别甚大。后来,在法国革命运动中成长起来的雨果政治倾向也逐渐发生了变化,在一次次的斗争之中,雨果看到人们似乎并不需要那个压迫他们的国王与教会,并不需要那个腐朽落后的政治体制,而是希望自由、平等,希望能够过上安稳的生活。于是雨果困惑了,动摇了,在时代的激流中逐渐成为一位真正的共和主义者和人道主义者。

雨果在4岁的时候就开始跟着哥哥们一起上学了,8岁时就能流利地阅读和翻译贺拉斯的文章,12岁时进入了巴黎的学校学习哲学和数学。十二三岁时,他就尝试着写下了成千上万行诗,还写了一部歌剧、一部散文剧、一部史诗和一部五幕诗体悲剧的剧情梗概。据此看来,雨果是当得起"神童"这个称号的。早慧的他并没有成为法国版的"方仲永",而是离自己最初的梦想越来越近。在少年时代,雨果便在日记中明确表达了自己的雄心壮志:"我要成为夏多勃里昂,否则就一事无成。"[①]雨果正是按照童年时期的梦想来规划自己的人生的。夏多勃里昂是法国早期浪漫主义文学的领军人物,他对于想成为自己的少年雨果赞不绝口,直接称呼他为"神童"。的确,那个时代需要一位新人从夏多勃里昂手中接过浪漫主义的大旗,这个人就是雨果。并且,从后人的眼光来看,雨果似乎超额完成了时代交予他的任务。

  1817年,在法兰西学院的诗歌比赛中,15岁的雨果获得了第一鼓励奖,国王每年发给他1000法郎助学金。1819年,雨果参加了法国南部图卢兹文学院的诗歌比赛,击败了许多成名已久的大诗人,获得了一等奖——金质百合花奖。年轻的雨果获得了这两项大的奖励之后,"神童"的名号越传越远了。然而他并没有被浮名冲昏了头,他对所处时代的文学环境有着清醒的认识。1820年,他写道:"我们的时代多么贫乏呵!大量的诗歌,可是没有诗意,那么多喜剧,可是没有戏剧……这个时代何时才能产生具有当代社会运动水平的文学,何时才能产生像伟大事件

故居楼梯

[①] 晏小萍,谢伟民. 大海的胸怀:雨果和他的世界[M]. 海口:海南出版社,1993:13.

那样的伟大诗人呢？"①可以说，雨果从创作之初便站在了很高的起点上，有意识地将创作出与时代相匹配的伟大作品作为自己的写作目标。对于这样自觉的作家，时代也证明了他们的伟大价值，以月桂花冠为之加冕。

两次"战役"

在"神童"称号不胫而走之后，雨果继续满怀热忱地创作、发表了一些作品。1822年6月，在大哥阿贝尔的悄悄资助之下，雨果的第一本诗集《颂歌与民谣集》出版，次年再版，获得了评论界的一致好评。1822年10月，20岁的雨果走进了婚姻的殿堂，与童年时期的玩伴安黛尔·富谢幸福结合。春风得意马蹄疾，这时候的雨果是幸福而满足的。但是，欢乐总是不长久，就在第二年，雨果的第一个孩子出生不久便夭折了，雨果为此痛苦了很长时间，这种状况直到他第二个孩子出生后才有所好转。

第一部诗集出版之后，雨果渐渐向浪漫主义靠拢，并且与诗人朋友们一起成立了浪漫派的文社，旗帜鲜明地反对古典主义。这个时期的文坛仍然充斥着守旧的古典主义创作方法，文坛如一潭死水，毫无生气。古典主义对于文学创作来说有积极的一方面，但更多的是限制。比如，古典主义戏剧的基本创作原则是"三一律"，它要求戏剧发生在一天、一个地点，而且只能有一条情节线。这个原则确实能够起到使戏剧冲突集中的作用，但对戏剧的发展更多的是束缚。如果按"三一律"的绝对原则来创作戏剧，那复杂且多变的社会生活该如何在一天、一个地点且只用一条情节线表现出来呢？

每个时代都不缺少崇古的人，但社会的发展还需"尚今"才行。江山代有才人出，雨果从夏多勃里昂手中接过浪漫主义的大旗，用两场"战

---

① 晏小萍，谢伟民. 大海的胸怀：雨果和他的世界[M]. 海口：海南出版社，1993：13.

役",为古典主义文学织好了"裹尸布"。

1827年,25岁的雨果发表了《〈克伦威尔〉序言》,这被视为"浪漫主义文学的宣言书"。起初,雨果创作了戏剧《克伦威尔》,以英国资产阶级革命为题材,描写了革命领袖克伦威尔的事迹。这部剧篇幅长得难以被搬上戏剧舞台,所以它从未真正上演过,但雨果为这部剧写的序言却喧宾夺主,成了当之无愧的主角。在《〈克伦威尔〉序言》中,雨果提出了反对古典主义的目标,他说:"让我们大胆地讲出来,是时候了,当此时代,自由如同是阳光,处处涌现,却在世界上最理所当然是自由的地方,却在思想的领域之外,是件古怪的事情。举起榔头,砸烂理论、诗学和体系。把这古老的挡住自由大门的石灰墙推倒!没有规则,也没有典范;或者说,别无规则,只有自然的一般法则,翱翔在各门艺术之上,只有专门的法则,对每一部作品而言,取决于每个主题特有的存在该条件。"①他认为,浪漫主义"不过是文学上的自由主义而已"。他还在序言中提倡"滑稽"与"丑怪"的创作理念,这与古典主义表现帝王将相、才子佳人或者崇高题材相反。他将"丑"与美相对,重视"丑"的美学价值,通过表现"丑"来对照美,这种"对照"原则最经典的体现便是《巴黎圣母院》。作为讨伐古典主义的檄文,这篇序言引起了空前的反响,诗人戈蒂耶日后回忆这件事,认为《〈克伦威尔〉序言》是"继《人权宣言》之后的《文权宣言》"②。

《〈克伦威尔〉序言》得到了许多人的拥护,尤其是受古典主义禁锢已久的文艺青年。雨果迅速收割了一批"粉丝",得到了他们的狂热支持。这些年轻人也迅速成为浪漫派的追随者,在接下来的决定性"战役"中起到了关键作用。该序言发表后,雨果并没有乘胜追击,而是暗暗积蓄力量,以该序言中推崇的文艺原则为指导,向古典主义的大本营——戏

---

① 雨果.雨果文集:第十一卷[M].程曾厚,等译.北京:人民文学出版社,2002:37.
② 雨果.雨果文集:第十一卷[M].程曾厚,等译.北京:人民文学出版社,2002:2.

剧舞台发起了最后的"总攻"。

1829年2月,大仲马的戏剧《亨利三世》首演成功,雨果前去剧院祝贺。在舞台上,雨果紧紧握住好友的手,充满自信地对他说:"下一次该轮到我了。"好友的巨大成功激发起了雨果的斗志,三个星期后,雨果便写出了《玛丽蓉·德·洛尔美》。这部剧打破了戏剧表现形式上传统的"三一律"原则,得到了浪漫主义者的一致好评。该剧首演的成功使其得到了许多剧院老板的关注,他们争相要上演这部剧,但同时也引起了保守派的不满,他们四处游说,意欲停掉这部"有碍观瞻"的戏剧的演出。随即,内务部以该剧"攻击在位的国王及诽谤国王先祖"为由,勒令停止了它的演出。为了安抚雨果,国王查理十世允诺每年给他增加两千法郎的俸禄,但被愤怒的雨果拒绝了。雨果继承了父亲的战斗精神,打算与这些守旧派们战斗到底,决不退缩。在这之后,用了不到一个月的时间,雨果完成了《欧那尼》的剧本。这部剧以16世纪的西班牙王国为背景,故事情节并没有完全脱离传统的表现男女爱情与国恨家仇之间矛盾的窠臼,但其重要价值在于它彻底突破了古典主义"三一律"的限制,同时也打破了古典主义戏剧将悲、喜截然分开的规定,将

故居展室

悲剧因素与喜剧因素容纳进同一部戏剧中。

新的时代总是需要新的文学,统治文坛一百多年的古典主义已是强弩之末。但古典主义作为保守势力的代表,仍然有着大批的支持者,他们作为既得利益的代表者,仍然做着最后的挣扎。浪漫派当然不会坐以待毙,他们勇敢地保卫着新生的事物。浪漫派与古典派、尚今派与守旧派之间的"战争"一触即发,文学史上称这次事件为"《欧那尼》之战"。

之所以称它为"《欧那尼》之战",是因为当时双方真的"打"了起来。在《欧那尼》排练期间,保守派文人便已多方阻挠。因为雨果的"前科",他们早已将雨果视为眼中钉,不断在报刊上制造舆论攻势,检察机关也处处刁难,但这些都只是小儿科而已,真正的"战斗"还在后面。1830年2月25日,《欧那尼》的首场演出在法兰西剧院举行。正式开演之前,所有人都察觉到了"大战"来临之前的紧张氛围,两方都做好了准备,迎接即将到来的正面交锋。

正式演出是在晚上7点,但雨果的后援团们为了抢占有利地形,提前八个小时便入场了。为首的是日后成名的诗人戈蒂耶,他穿着粉红色紧身短上衣、水绿色长裤,这一身装束吸引了绝大多数人的目光,他的

故居书房

目的就是吓唬那些凡夫俗子们。巴尔扎克也在人群中，此时还未成名的他用实际行动支持雨果这位比他小 3 岁的大作家。古典派的支持者们也不甘示弱，他们从二层看台上往下倾倒各种垃圾，就连巴尔扎克的头也挨了一截白菜根儿的"袭击"。演出正式开始后，演员的第一句台词刚说出口，台下便哄堂大笑，喝倒彩的声音此起彼伏。浪漫派的青年们随即予以反击，他们痛骂捣乱分子，用更热情的喝彩声给演员们以支持。就这样，整场演出在嘘声和喝彩声、笑声和痛骂声中结束，接下来的几场演出也是如此。《欧那尼》连续演出了四十五场，场场爆满，从最初浪漫派与古典派支持者互相争斗，到后来只闻掌声与喝彩声，雨果知道，自己赢得了这场"战役"的胜利。

戏剧《欧那尼》的成功上演，标志着浪漫主义文学最终战胜了古典主义文学。在统治文坛一百多年之后，古典主义文学终于在这两场"战役"之后退出了历史的舞台，浪漫主义文学也即将迎来它的辉煌期。发动这两场"战役"的是雨果，开创浪漫主义文学辉煌期的，也是雨果。

人道主义

如果说，母亲的言传身教是雨果人道主义思想的源头，那么可以说，行伍出身的父亲直接影响了雨果对人道主义的看法。

母亲去世后，雨果不得不寻求父亲的支持。1827 年 12 月，使雨果一战成名的《〈克伦威尔〉序言》出版了，在图书扉页上，雨果专门提到将这本书献给自己的父亲，足见雨果将军对儿子的影响。雨果将军一生中虽然杀敌无数，却不是嗜血之人。在他看来，自己是军人，战斗便是天职。并且，人们发动战争并不以杀人为目的，而是通过这种极端的方式，再造一个新世界，因此他反对随意残杀生灵。所以，雨果自少年时起便对战争和人性有了直观的认识，他在作品中曾多次表现战争与人道主义的关系，而这就来源于其父亲的影响。

父亲曾经讲过的一件事，给雨果留下了深刻的印象：那一年，雨果将军率一部分法国军队驻扎在西班牙境内，同英葡联军交锋。联军很快败退了，投靠联军的一部分当地叛军仍然在奋力抵抗。自开战以来，法军一旦捉住叛军一律枪毙，叛军也施以同样的手段进行报复。雨果将军屡次告诫部下勿杀俘虏，同时也传讯给对方，但叛军却充耳不闻，有一次还枪杀了雨果将军手下的两个仆人作为回应。不久，雨果将军抓住了叛军的一个首领，他不仅没有杀死那个首领，还给他医治创伤。该首领的部下闻讯后，特致信表示感谢，从此双方互相虐杀俘虏的事情就渐渐绝迹了。①

这件事对于少年雨果的影响非常大，他认识到人在残酷的战争中也可以保持善良美好。人并不仅仅是战争中的伤亡数字，而且是一个真真正正的存在，只要人与人之间能够真诚相待，那么战争也就不复存在。他在《悲惨世界》中写道："同一种感情可以在人的心中作出两种截然相反的决定。在上帝创造的万物中，放出最大光明的是人心，不幸的是，制造最深黑暗的也是人心。"②而另一句话则更有名气："世间有一种比海洋更大的景象，那便是天空；还有一种比天空更大的景象，那便是内心活动。"③所以，描写大场面、大变局下普通人的真实状态，反映处在复杂环境下的人性是雨果创作的偏好。雨果始终以人类最基本的良知、以知识分子的责任感与使命感，关心着人类的命运以及每个普通人的生存境遇。用鲁迅先生的话来说，那就是"无穷的远方，无数的人们，都和我有关"④。

在雨果将军的影响下，少年雨果开始关注那些被人遗忘的阴暗角落里的小人物。社会的不公将他们推进生活的泥淖之中，他们无法自拔，想要逃离万恶的制度却又无能为力，如同蝼蚁一般生活在社会最底层。

---

① 参见晏小萍，谢伟民. 大海的胸怀：雨果和他的世界[M]. 海口：海南出版社，1993：24.
② 雨果. 雨果文集：第二至第四卷[M]. 李丹，方于，译. 北京：人民文学出版社，2002：1221.
③ 雨果. 雨果文集：第二至第四卷[M]. 李丹，方于，译. 北京：人民文学出版社，2002：272.
④ 鲁迅. 鲁迅全集：第六卷[M]. 北京：人民文学出版社，2005：624.

故居内景

此时雨果开始对自己的政治立场感到困惑,他创作的方向从为君主和教会歌功颂德开始转向关注现实,人道主义的立场也渐渐显露出来。

在人道主义的立场下,雨果关注的第一个主题是死刑制度。在雨果生活的时代,伟大的法国大革命虽已结束,但革命运动仍风起云涌,整个国家都处于一种失控的状态,革命与战争是常态,杀戮与死亡也成了家常便饭,无论共和派还是保皇派,他们上台后第一件事便是屠杀政敌,以求自保。所以,曾有好事者为罗伯斯庇尔撰写墓志铭:"过往的人啊,不要为我的死悲伤!如果我活着,你们谁也活不了!"当时的巴黎随处可见断头台,狄更斯称这种巨大的装置为"国家牌剃刀"。死在"国家牌剃刀"下的"英灵"不计其数,既有像罗伯斯庇尔、丹东这样的共和派,也有法国国王路易十六,更讽刺的是,路易十六还曾经参与了断头台的改造工作。年轻的雨果对断头台有一种天生的反感,但他关注的不是死刑执行这个过程,而是死刑犯本身——他们是谁?所犯何事?是否非死不可?他们临刑前又在想些什么?雨果从人道主义的立场出发,认为死刑制度并不能消除犯罪,以暴制暴并不可取,所以他想要写一本书，反对断头台，反对死刑制度。为此，雨果多次去监狱采访罪犯，了解他们的生活经历与真实的状态，体会他们的内心情感，然后花了不到一个月的时间，写出了《死囚末日记》。这本书以日记体的形式记载了一位死囚临刑前的真实状态，雨果试图展示一位死囚复杂而痛苦的内心世界，以此来达到反对死刑的目的。小说发表后引起了轩然大波，许多思想保守的人对其进行了肆意攻击。法国的《日报》中写道："我们永远不能宽恕他那执意玷污人类灵魂，破坏整个民族安定的企图……让我们摆脱这种赤裸裸的真理吧。"① 但评论界对它更多的是赞美，别林斯基就评价道："雨果从来没有被判处过死刑，但是在他的《死囚末日记》里，有恐怖的，凄惨断肠的真实。"② 这也是雨果人道主义思想第一次在文学作品中表露出来。

1848年欧洲革命之后，雨果与拿破仑·波拿巴公开决裂，被迫流亡国外。雨果一家先是流亡比利时布鲁塞尔，后来又到了英属泽西岛，

故居展室

---

① 晏小萍，谢伟民. 大海的胸怀：雨果和他的世界[M]. 海口：海南出版社，1993：27.
② 柳鸣九，等. 雨果创作评论集[M]. 桂林：漓江出版社，1983：227-228.

最后又被迫来到英属根西岛。在最后的流亡地，这个小小的根西岛上，雨果开始写作一本"大书"，完成他一直以来的愿望，这本书就是《悲惨世界》。《悲惨世界》可以说是承载了雨果人道主义思想精髓的作品，也是一部现实主义的力作。这本书彻底抛开了浪漫主义的创作方法，将现实社会作为创作的主体，并在现实生活的变化中展现人性的复苏过程。

在这本书的自序中，雨果开门见山地提出了写作的目的："只要因法律和习俗所造成的社会压迫还存在一天，在文明鼎盛时期人为地把人间变成地狱并使人类与生俱来的幸运遭受不可避免的灾祸；只要本世纪的三个问题——贫穷使男子潦倒，饥饿使妇女堕落，黑暗使儿童羸弱——还得不到解决；只要在某些地区还可能发生社会的毒害，换句话说，同时也是从更广的意义来说，只要这世界上还有愚昧和困苦，那么，和本书同一性质的作品都不会是无益的。"[①] 雨果后来回忆道："我写这部书确实是为了所有的人。凡是男人愚昧无知、陷于绝望的地方，凡是女人为了一块面包而卖身，以及儿童因为没有学习的书籍与取暖的火炉而痛苦的地方，我的《悲惨世界》都会来敲门，说道：'开门，我找你们来了！'"[②] 雨果在《悲惨世界》中设置了三位主人公——冉·阿让、芳汀、珂赛特，分别对应了"潦倒的男子""堕落的妇女"和"羸弱的儿童"。男人、女人和儿童最具代表性，雨果以他如椽的巨笔、悲天悯人的胸怀，通过描写他们的受难历程，来表现整个"悲惨世界"。《悲惨世界》也被称为"人类苦难的百科全书"。

雨果称《悲惨世界》"是一部宗教性的著作"，小说的主人公冉·阿让的经历最能说明这个主题，这部作品就是表现冉·阿让从一名逃犯变成一名慈善家最后又成为一名"完人"的故事，而他这一切的转变都是因为一名教会的主教。雨果将福来主教感化冉·阿让的情节作为整个故

---

① 雨果. 雨果文集：第二卷[M]. 程曾厚，等译. 北京：人民文学出版社，2002：1.
② 晏小萍，谢伟民. 大海的胸怀：雨果和他的世界[M]. 海口：海南出版社，1993：62.

事转变的契机，福来主教即为作者人道主义理想的完美化身。雨果设置福来主教这个人物、这条情节线，便是要表明基督教的仁爱感化是改造社会的一个重要途径。最后冉·阿让没有执行命令枪毙自己一生的死敌沙威警长，而是私自放走了他，这个情节与雨果将军讲的那个故事何其相似。小说的结尾，冉·阿让在养女珂赛特夫妇的怀里安详地死去，手中握着福来主教送给自己的那对银烛台。冉·阿让在经历了由恶至善的种种考验之后，终于完成了人性的升华，由苦役犯变成"圣徒"，升入精神的天国。这不仅是主人公被基督教仁爱思想感化的体现，更是雨果人道主义理想的体现。雨果坚信道德感化的力量，坚信用"爱"能改造社会，而且还能使穷凶极恶的敌人"改恶从善"。善最后必然战胜邪恶，这就是雨果人道主义思想的核心。

雨果生前最后一部长篇小说《九三年》是其人道主义思想最好的总结，在这本书中，雨果着力探讨了"革命"与"人道主义"之间的关系。《九三年》以法国大革命时期的1793年为背景，以共和军平息旺代叛乱为中心事件，塑造了旺代叛军首领朗德纳克侯爵、镇压叛乱的共和军司令郭文，以及公安委员会特派员西穆尔登这三个中心人物，并围绕他们展开了错综复杂的情节，表达了作者的人道主义思想。

在《九三年》中，只有郭文是雨果笔下人道主义的理想人物，另外两位主人公则都被革命或暴力裹挟了人性，但在特定条件下又完成了人性的复苏，实现了人道主义的"自我救赎"。作者想要强调的是一个非常深刻且经久不衰的话题——是否因为革命就可以无视人道主义，是否因为战争就可以放弃人性？叛军首领朗德纳克是残暴与冷酷的代表，但在熊熊大火面前，农妇的哭喊声和三个幼童熟睡的面貌在他心头挥之不去，在生与死面前，他做出了痛苦的抉择，选择回去救人而甘愿被共和军捉住。这一刻，人性战胜了兽性，他成了冒死救人的英雄，而不再是杀人不眨眼的刽子手。通过朗德纳克的抉择，雨果展示了善与恶之间既矛盾对立又相互转化的复杂关系，善恶往往在一念之间，关键是看人如何选择。小说中的三位主人公都基于自己的原则做出了人生的选择，通过三位主人公的悲剧结局，雨果完美阐释了那句名言——"在绝对正确的革命之上，还有着绝对正确的人道主义"。对此，后世研究者曾经评论道："伦理道德与革命暴力、善与恶之间有一种既对应又矛盾的关系，使用暴力往往是触犯道德的，但道德的秩序常常只有通过暴力的形式才能实现；纵恶并不能为善，并且违反了善的本意，因为与一人为善往往使更多的人受恶，结果反变成行善即行恶。但是，在个人处理这种复杂关系时，往往因行善而在另一层次行了恶，在维护革命原则的同时却违背了伦理原则，这种情节本身即蕴含着悲剧性因素。"[1]

除了以上几部作品，雨果的一封信——《就英法联军远征中国给巴特勒上尉的信》，因入选我国初中语文教材而更被中国读者熟知。在这封信里，雨果严厉谴责了第二次鸦片战争中英法联军洗劫圆明园的暴行，并对中国人民的不幸遭遇表示深切同情，即使中国与法国相隔万里，雨果仍然坚持为这片土地上素不相识的人们发声。此时雨果俨然成了一名"世界公民"，无论是欧洲人、亚洲人、美洲人，还是白种人、黄种人、黑种人，被压迫与受伤害的人们都与雨果有关，雨果与世界始终同呼吸、共命运。在这封信中，雨果以人道主义思想、悲天悯人的胸怀，以及国际主义的视角，向我们生动地阐释了何为文明、何为野蛮。其实早在1825年，雨果便已写出了《向毁坏文物者开战》一文，那时候的雨果已深感破坏文物的严重后果以及保护文物的重要意义，他在文中呼吁以立法的形式保护文物古迹，并对破坏者严惩不贷。所以，几十年后，得知英法联军对人类文明的瑰宝"万园之园"圆明园犯下的暴行，尤其是看到联军首领巴特勒想要雨果写信表扬这一暴行的丑恶嘴脸后，雨果愤怒了，随即撰写了这篇雄文向毁坏文物者"开战"。

除了表达对破坏文物行为的愤怒，雨果这样做很大程度上也是因为对中华文化的热爱。在今孚日广场的雨果故居里，有一个"中国客厅"，

---

[1] 晏小萍，谢伟民. 大海的胸怀：雨果和他的世界[M]. 海口：海南出版社，1993：97-98.

里面的物品是从当年雨果流亡的海岛根西岛上搬过来的。如果中国游客游览这间"中国客厅"的话，定会有"只认他乡作故乡"的恍惚感，因为这里面摆放的全是中式家具、中国瓷器、宫灯，就连墙上的木版画也都包含着中国元素，雨果对中华文化的痴迷程度可见一斑。其实，自从知道遥远的东方有一个产丝绸的"赛里斯国"，西方人就没有停止过对中国的幻想，新航路的开辟也是为了绕开奥斯曼帝国与遥远的东方通商。西方对中国的幻想，于16至18世纪达到了高潮，巴洛克、洛可可以及其他艺术形式中遍布着中国元素，"中国风"成为时髦的象征。对欧洲历史影响深远的启蒙运动，更与中国文化分不开，曾有学者指出："十八世纪实为欧洲文化受中国哲学文化洗礼的时代。"[1]启蒙运动的先驱们，例如笛卡尔、莱布尼茨、伏尔泰、魁奈等都曾被中国文化折服。所以，深受启蒙思想影响的雨果对中华文化如此热爱也就不难理解了。然而，需要注意的是，包括雨果在内的这些思想家对中国的热爱，始终是"乌托邦"式的幻想，如果你仔细观察雨果故居的"中国客厅"内的陈设，便不难发现，所谓的"中国元素"都是雨果结合个人想象对中国审美艺术的借鉴与再创造。

"最后的话"

> 如果只剩下一千人，我定是其中之一；
> 万一只剩下一百个人，我还是不放下武器；
> 如果只剩下十个人，我就是那第十个人；
> 如果只剩下一个人，我就是那最后的一人！[2]

这是雨果在《惩罚集》中所作的诗《最后的话》，这首诗表达了诗

---

[1] 朱谦之. 中国哲学对欧洲的影响[M]. 上海：上海人民出版社，2006：56.
[2] 雨果. 雨果文集：第八卷[M]. 程曾厚，等译. 北京：人民文学出版社，2002：392.

人怀着崇高的理想、坚持人道主义原则、永不向窃国者妥协的决心。雨果曾经说过:"我将在重建共和国之日返回祖国。"1870年9月4日,法国成立了第三共和国,然而,共和国的建立却处在内忧外患的背景之下。在这之前,雨果的宿敌拿破仑三世在普法战争中失败被俘,普鲁士军队逼近巴黎,人民革命推翻了法兰西第二帝国,共和国又重新在这片土地上建立起来。雨果归国虽然受到了举国的欢迎,但在这内忧外患的境地下,雨果怎么也高兴不起来。他想要加入国民自卫队,成为一名普通的战士,但年事已高,只能作罢。于是他拿起了最称手的武器——纸与笔,鼓励法兰西人民同仇敌忾抵抗德国侵略者。雨果还将自己诗集《惩罚集》的稿费和戏剧演出的收入捐了出来,购买了三门大炮,其中两门被命名为"惩罚"和"维克多·雨果"。虽然包括雨果在内的法兰西人民意志坚定,但资产阶级临时政府却有着骨子里的软弱性,政府答应与普鲁士议和,赔款50亿法郎,并割让阿尔萨斯全省和洛林省的一部分。

法兰西人民为此组织了武装起义,推翻了资产阶级临时政府,建立了人类历史上第一个无产阶级政权——巴黎公社。当局政府迅速调转枪

故居外长廊

口包围了巴黎。由于力量弱小,巴黎公社在坚持七十二天之后便宣告失败。巴黎公社起义失败后,报复接踵而至,许多巴黎公社社员未经审讯便遭枪毙,甚至包括老人、妇女与儿童,大屠杀随处可见,死亡人数多达几万,巴黎成了人间地狱。

巴黎公社从起义到失败的这段日子里,雨果因长子去世滞留在布鲁塞尔。雨果对于这次起义一直持理性的态度。首先,他认为起义选择在了错误的时间,大敌当前,自家人怎能先乱了阵脚?第二,雨果反对革命中的各种暴力行为,所以,一直以来,他对于巴黎公社起义是不理解的。但"雨果忧心忡忡地观察公社七十二天的历史,却用超过七十二个月的时间为维护巴黎公社社员的权利而进行不懈的斗争"①。雨果不赞成公社的暴力行为,同时也反对政府的残酷报复,这都是出于他一直以来秉承的人道主义精神。他曾经说过:"简而言之,国民议会多残忍,公社就多疯狂。双方都丧失了理智。"②雨果在政府疯狂报复公社社员的时候,发表了一封公开信,信中宣布自己家的大门将向逃亡的社员们打开,这等于是在与政府公开作对。此时的雨果处境已大不如前,但他依然履行承诺,尽其所能地帮助公社社员及其家属。社员们讲述的所见所闻更激发了他创作的热情,在此期间,他创作了许多诗篇赞颂抵抗侵略的将士、保家卫国的人们、巴黎起义的英雄,揭露了残酷镇压起义的政府的丑恶嘴脸。同时他还多次在报纸上发表文章,在不同场合发表公开演说,呼吁对之前的巴黎公社社员予以赦免。1880年7月,这位年近八旬的老人在议会上旧事重提,这一次,赦免案终于通过了,这是和雨果多年的努力分不开的。

1879年,朱尔·格雷维当选总统,共和国的大权终于回到共和派的手里。这个时候的法国政府才重新认识了雨果的价值。因其一直以来

---

① 雨果. 雨果文集:第十一卷[M]. 程曾厚,等译. 北京:人民文学出版社,2002:10.
② 晏小萍,谢伟民. 大海的胸怀:雨果和他的世界[M]. 海口:海南出版社,1993:88.

的共和派理念和对共和国的贡献,以及他的人道主义精神,有人将雨果称为"共和国的祖父"。1882年2月26日是雨果80岁诞辰,这一天成了法国人民的盛大节日,政府总理带头为雨果祝寿,人们自发地从全国各地赶来巴黎,从雨果寓所窗下走过,手捧鲜花为雨果祝寿。据统计,当时祝寿队伍走了整整六个小时,人数达六十万之巨。1885年5月15日,雨果感染了肺炎,弥留之际,他叫来了孙子孙女,对他们说:"我看见了漆黑的光。"[①]这是他最后的话。

5月25日夜,雨果伴随着狂风暴雨离这个世界而去,终年83岁。次日,法国宣布为雨果举行国葬。6月1日,雨果的葬礼举行,举国陷入巨大的哀恸之中,十二位青年诗人围着雨果简朴的灵车,从凯旋门走到先贤祠,后面跟着两百万送葬的民众。

在雨果生前所立的遗嘱中,最后一段话是这样的:"我将闭上尘世的眼睛;但是,精神的眼睛始终张开着,张得比以往任何时候更大。我拒绝任何教堂为我祷告。我请求为普天下的灵魂祷告。"[②]

雨果一生著作等身,他不仅是作家,还是画家、政治家。因其对文学的伟大贡献,他被称为"法兰西的莎士比亚"。他用一生的创作践行了人道主义思想,即使面对威胁恐吓也绝不动摇。在生命最后的岁月里,他仍然在为天下的灵魂祷告。雨果以如椽的巨笔,关注普通人的生存状态,在世界文学史上书写了浓墨重彩的一笔。

(撰稿人:刘冠成)

[①] 晏小萍,谢伟民. 大海的胸怀:雨果和他的世界[M]. 海口:海南出版社,1993:105.
[②] 雨果. 雨果文集:第十一卷[M]. 程曾厚,等译. 北京:人民文学出版社,2002:544.

参考文献

巴雷尔. 雨果传 [M]. 程曾厚, 译. 上海: 上海人民出版社, 2007.

柳鸣九, 等. 雨果创作评论集 [M]. 桂林: 漓江出版社, 1983.

鲁迅. 鲁迅全集: 第六卷 [M]. 北京: 人民文学出版社, 2005.

晏小萍, 谢伟民. 大海的胸怀: 雨果和他的世界 [M]. 海口: 海南出版社, 1993.

雨果. 雨果文集 [M]. 程曾厚, 等译. 北京: 人民文学出版社, 2002.

朱谦之. 中国哲学对欧洲的影响 [M]. 上海: 上海人民出版社, 2006.

大仲马

  基度山城堡位于法国巴黎圣日耳曼昂莱山脚下塞纳河旁的一个山丘上，始建于1846年，竣工于1847年。历经悠悠岁月的沉淀，如今的基度山城堡，不仅是一座举世闻名的建筑，也成了一处可供历代文人骚客凭吊的人文古迹。

  从外形上看，基度山城堡是一座典型的文艺复兴风格的三层建筑，既透露出浓郁的人文气息，也弥漫着奢华与颓废的味道。一百七十余年的风风雨雨，让城堡好似一位脸上爬满皱纹的老人，在向过往行人诉说着那早已逝去的沧海桑田。当微风拂过基度山城堡时，尖尖的城堡顶上的风铃便会发出淙淙的流水之音，似乎在不间断地演奏那些承载着基度山城堡记忆的旋律。

  待城堡大门被推开之后，首先映入眼帘的便是一间富丽堂皇的阿拉伯风格的客厅，门厅正中央是他的半身雕像，环顾四周，尚可见到那些错落有致的桌椅，这些桌椅既可为他伏案写作提供场地，又可为他款待亲朋提供空间。

  历史风云不断变幻，基度山城堡也几经易手，它见证了一代又一代堡主的繁华和落寞。那么，作为首任基度山城堡堡主的他到

大仲马故居（法国巴黎基度山城堡）

底是谁呢? 他就是写出《亨利第三及其宫廷》《三个火枪手》(《侠隐记》《三剑客》)《基度山伯爵》(《基度山恩仇记》)等知名作品的法国文豪亚历山大·仲马，即被后人世代敬仰与传颂的大仲马。

1847年7月25日，在基度山城堡前的草坪上，大仲马同与会宾客举行了进宅酒宴，自此正式入住基度山城堡。但由于大宴宾客、筹办晚会，奢侈无度，大仲马基度山城堡堡主的身份并未持续多久。1849年，他耗费二十多万法郎辛苦建成的这座城堡，在拍卖场上被一位美国牙医以三万零一百法郎的价格买下。或许是出于对这座城堡的眷恋，直到1851年底，大仲马流亡比利时布鲁塞尔之际，他才彻底离开了基度山城堡。在基度山城堡前后居住不足五年的时间里，大仲马并未因奢华的生活方式而影响个人的文学事业,仍孜孜不倦地进行《红屋骑士》《四十五卫士》《一个医生的回忆》《布拉日昂纳子爵》等小说的创作。

大仲马的一生既多姿多彩，又成就辉煌。在文学方面，大仲马是知名的剧作家和小说家。他创作的《亨利第三及其宫廷》《克里斯蒂娜》《安东尼》等浪漫主义戏剧冲击了古典主义戏剧的陈规陋习，为浪漫主义戏剧的兴起开了先河。他创作的《三个火枪手》《二十年后》《布拉日昂纳子爵》等历史小说成为世界文学经典，深受各国读者喜爱。这些历史小说别出机杼，对于历史事件或历史人物的书写并非摄像机式的客观记录，而是有所想象与加工。这不仅增强了历史小说的阅读趣味，也提供了观照与认识历史的另一种角度，对后世文人的文学创作产生了重要影响。

除却文学上的辉煌成就，大仲马在政治上也进行过积极的实践。他曾参与1830年法国七月革命、1848年法国二月革命、1860年加里波第对那不勒斯王国的征战，还曾参与塞纳瓦兹省、容纳省等地方的领袖竞选活动，可以称得上是名副其实的革命斗士。大仲马的政治热情虽然高涨，但并未取得可媲美文学领域的政治功绩。然而，他始终是坚定的共和主义信仰者，与封建君主专制的腐败统治进行了不遗余力的斗争。

法国作家维克多·雨果在谈到大仲马时，曾说过这样一段话："他的为人像夏日的雷雨那样爽快，他是个讨人喜爱的人。他是密云，他是雷鸣，他是闪电，但他从未伤害过任何人。谁都知道，他待人温和，为人宽厚，就像大旱中的甘霖。"① 那么，大仲马到底是怎样一个人，竟然会让一代文豪维克多·雨果如此赞誉？这便需要从"仲马之姓"说起……

仲马之姓

坊间流传着这样一则文人相轻的故事：巴尔扎克曾对大仲马说："在我才华用尽的时候，我就去写剧本了。"大仲马回应道："那你现在就可以开始了！"巴尔扎克不以为意道："在我写剧本之前，还是请您先跟我谈谈您的祖先吧——这倒是个绝妙的题材！"大仲马反唇相讥道："我父亲是个克里奥尔人，我祖父是个黑人，我曾祖父是个人猿，我的家族从人猿开始，而您的家族到人猿为止。"

---

① 邱立坤. 世界文学[M]. 西安：陕西人民出版社，2007：64.

巴尔扎克究竟为何要如此贬低大仲马呢？因为大仲马是一个混血儿，他身上流淌着一部分黑人的血液，而大仲马的混血儿身份，又与仲马之姓有着千丝万缕的联系。

大仲马祖上殷实，曾在法国西北部的诺曼底省建了一座拉帕耶特利庄园，庄园主皮埃尔·达维自称拉帕耶特利爵爷。待爵衔传至大仲马的祖父安托万·亚历山大·达维·德·拉帕耶特利时，他因产业经营不善，只能卖掉拉帕耶特利庄园，到中美洲的圣多明各岛另谋生路。大仲马的祖父在岛的西端罗斯角附近买下一片土地，并雇佣黑奴在这片土地上种植咖啡、甘蔗等作物，准备定居下来。随后，大仲马的祖父与一个名为瑟赛特·仲马（大仲马的祖母）的黑人女奴同居，这个女奴在1762年3月27日生下一个男婴，这个男婴便是大仲马的父亲，即托玛·亚历山大。

十八年之后，大仲马的祖父带着大仲马的父亲返回巴黎，此时大仲马的祖母早已逝世八年之久。大仲马的父亲决定离家从军，但大仲马的祖父不想将祖上代表贵族身份的姓氏带到行伍之中，因此托玛·亚历山大只好用其黑奴生母瑟赛特·仲马的姓氏参加了龙骑兵。军队生活不仅培养了托玛·亚历山大·仲马的军事素养，也实现了他的伟大抱负，他平步青云，步步高升，由骑兵班长升到骑兵中尉再升到拿破仑麾下将军。一代骁将仲马将军在官场上几经沉浮，最后因冒犯拿破仑而被无情抛弃，最终在1806年2月20日病逝于维莱尔·科特莱。仲马将军死后，其遗孀玛丽·路易丝·拉布莱与当时不满4岁的儿子亚历山大·仲马相依为命。

1815年6月18日，滑铁卢战役之后，法军战败，"百日王朝"覆灭，拿破仑被流放到大西洋上的圣赫勒拿岛。随后，法兰西开始波旁王朝的第二次复辟。复辟之后，上层统治者实行大规模的恐怖镇压手段，许多与拿破仑有关的人或波拿巴主义者惨遭杀害。一时之间，人人自危。大仲马的祖父与大仲马的父亲政治立场截然相反，前者曾为路易十六效命，后者曾为共和国服务。复辟之后，在革命中被处死的前国王路易十六的兄弟路易十八等人重新掌握国家政权。如此一来,大仲马便面临着两重抉择,一是恢复祖父姓氏,获得锦绣前程;二是坚持父亲姓氏,砥砺前行。大仲马毅然决然地选择了后者,这不仅意味着大仲马对父亲姓氏的再次认定,也意味着大仲马对自己混血儿身份的认同。对于个人姓氏以及身份有了理性认识之后,大仲马便开始了一段崭新的生活,尤其在接触了文学之后,一片神奇的天地便向他渐次展开了。

文学大师

作为世界文学大师,大仲马所著颇丰,尤其在戏剧、小说等方面取得了举世瞩目的成就。英国作家萧伯纳曾说,大仲马之于小说,犹如莫扎特之于音乐,已达艺术的顶峰。

作为仲马将军之子,大仲马继承了父亲健壮的体魄和非凡的抱负。在瑞典贵族青年阿道尔夫·德·勒万、著名演员弗朗索瓦·约瑟夫·塔尔玛等人的鼓励之下,大仲马决定离开维莱尔·科特莱,到巴黎去闯荡一番。1822年,大仲马只身来到巴黎,几经挫折之后,终于在奥尔良

故居正门

公爵（路易·菲力普）秘书处谋得一个文书抄写员的职位。作为一个有文学抱负的人，大仲马在秘书处工作之余，"热衷于读莎士比亚、拜伦、司各特和席勒的作品，开始发表诗歌和短篇，并写作通俗喜剧"①，且逐渐形成个人的文学创作理念："在文学上，我不承认什么体系，也不属于什么体系，更不树什么旗帜，娱乐和趣味是唯一的原则。"②

1829 年，大仲马终于创作出首部得到广泛认可的戏剧《亨利第三及其宫廷》，该剧以 16 世纪法国宗教战争为背景，将宫廷政治斗争与爱恨悲欢紧密交织在一起，既反映了亨利第三时代封建统治阶级内部的激烈斗争，又具有浓郁的浪漫色彩。该剧虽为虚构，但其现实指涉意义却不容忽视，这也是该剧一经上演便取得巨大成功的原因之一。在亨利第三统治时期，法国呈现三足鼎立的政权博弈状态，一为以王后卡特琳娜·德·梅第奇为首的掌握实权的中央王权，二为以亨利·德·吉兹为首的信奉天主教的北部法兰西政权，三为以亨利·德·纳瓦尔为首的信奉新教的南部法兰西政权。这种政权博弈反映到《亨利第三及其宫廷》中，便演化为一场暗藏在情杀事件之下的政治阴谋——王后卡特琳娜·德·梅第奇希望能牢牢把握住手中的权力，既痛恨与她争夺控制国王亨利第三权力的圣梅格兰，又痛恨与中央王权分庭抗礼的吉兹公爵。当王后知晓圣梅格兰与吉兹公爵夫人的奸情之后，便怂恿吉兹公爵与圣梅格兰厮杀，以便坐收渔翁之利。

1829 年 2 月 11 日，法兰西喜剧院首次上演《亨利第三及其宫廷》，雨果等浪漫派作家前往剧场观赏，一致认为这是浪漫主义戏剧一个不小的胜利，"正是大仲马，首先打响了浪漫主义戏剧的重炮，成为法兰西剧坛第一颗浪漫主义的明星"。《亨利第三及其宫廷》的大获成功，让大仲马一跃成为法国炙手可热的戏剧新星。随后，大仲马又陆续推出了《克

---

① 郑克鲁. 外国文学史（上）[M]. 北京：高等教育出版社，2006：199.
② 汪家明. 难忘的书与人[M]. 北京：生活·读书·新知三联书店，2014：150.

里斯蒂娜》《安东尼》《奈尔塔》《卡特琳娜·霍华德》《基恩》《卡里古拉》《炼金术士》《贝尔·伊尔小姐》《路易十五时代的一桩婚事》《圣西尔的小姐们》等一系列戏剧。

  作为一个多面手，大仲马在长篇历史小说创作方面也取得了无与伦比的成就，如法国作家布吕奈尔所言，大仲马的长篇故事始终受到喜欢历史传奇的读者的赞赏。大仲马还是俄国思想家、文学评论家别林斯基口中的"天才的小说家"。

  大仲马曾说："历史是什么？历史不过是我用来挂小说的钉子。"也就是说，大仲马所著小说中的历史是一种虚无或想象的历史，并非客观真实的历史情境，但"文学作为审美意识形态的形式，要在具体的语言组织中显示特定社会生活的种种情状。由字、词、句、段、篇等组成的具体文学语言系统，看起来只是一次远离社会生活的个体审美事件，但归根到底总是社会生活复杂的想象性再现"[①]。因此，大仲马的长篇历史小说，尽管有虚拟的成分在内，但毕竟记录了那个时代的历史风云。张英伦在《大仲马传》一书中，对大仲马所写的关于法国历史的长篇小说按年代进行过如下梳理：

> 以16世纪宗教战争为背景的三部曲《玛尔戈王后》（1845）、《孟梭罗夫人》（1846）和《四十五卫士》（1847—1848）；以17世纪国王路易十三和路易十四统治时期为背景的三部曲《三个火枪手》（1844）及其续篇《二十年后》（1845）和《布拉日罗纳子爵》（1848—1850）；以18世纪奥尔良公爵菲力普摄政时期为背景的《达芒塔尔骑士》（1842）和以路易十五亲政时期为背景的《克莱弗的奥兰普》（1852）；以18世纪末资产阶级革命的先兆为背景的总题为《一个医生的回忆》的一组小说《约瑟夫·巴尔萨莫》（1849）、《王后的项链》

---

① 童庆炳. 文学理论教程[M]. 北京：高等教育出版社，2008：55.

故居门厅

(1849—1850)、《昂日·皮图》(1851)和《沙尔尼伯爵夫人》(1852—1855)以及独立的《红屋骑士》(1845—1846);以资产阶级革命后的动乱为背景的《白党与蓝党》(1867—1868)、《耶户的同伙们》(1857);以复辟王朝为背景的《巴黎的莫希坎人》(1854—1855);以七月王朝为背景的《马什库尔的母狼》(1858);……[①]

大仲马之前虽写过《保尔船长》《达芒塔尔骑士》等小说,但真正奠定他小说大师地位的作品,是1844年发表的《三个火枪手》。大仲马在《三个火枪手》序言中说道:"大约在一年以前,我为了写《路易十四史》,在皇家图书馆搜寻资料,意外地看到了一本《达尔大尼央先生回忆录》,像那个时期的大部分作品一样,这本书是在阿姆斯特丹的红石书店出版的,因为那个时期的作者既要坚持讲真话,而又不想去巴士底狱或长或短地蹲上一段时间。"[②] 在根据这个回忆录写作《三个火枪

[①] 张英伦. 大仲马传[M]. 太原:山西人民出版社,1984:183-184.
[②] 大仲马. 三个火枪手[M]. 郝运,王振孙,译. 上海:上海译文出版社,2011:1.

手》之际，大仲马郑重承诺："如果这第一部分，如同我深信不疑的那样，获得了它理应得到的成功，我就立即发表第二部分。"①果不其然，《三个火枪手》发表之后，广大读者一度如痴如狂，甚至有人将其引发的轰动与《鲁滨逊漂流记》的影响力相提并论，并戏言如果此刻在某个荒岛上有个鲁滨逊，那么他也一定在读《三个火枪手》。由此可见，《三个火枪手》确实产生了很大影响，风头一时无两。此后，大仲马也兑现了之前的承诺，相继发表了《三个火枪手》的续集，即《二十年后》《布拉日罗纳子爵》两部小说。

《三个火枪手》"在所有以历史事件为题材的小说中，是最为成功的一部，情节曲折，波澜起伏"②。这部小说以国王路易十三时代为历史背景，主要围绕"金刚钻坠子事件""拉罗舍尔围城事件"展开，描写三个火枪手阿多斯、阿拉密斯、波尔多斯以及他们的朋友达达尼昂，为了维护国王与王后的名誉，不畏强权，不怕牺牲，敢于同气焰冲天的红衣主教黎塞留进行斗争的故事。这部小说的成功，不仅在于其故事情节的精心设置，更在于其人物形象的立体式塑造，如果敢机智的达达尼昂、沉着老练的阿多斯、风度翩翩的阿拉密斯、大胆鲁莽的波尔多斯、阳奉阴违的黎塞留、狡猾阴毒的米莱迪等。续集《二十年后》《布拉日罗纳子爵》，虽不似《三个火枪手》知名，但也具有一定的阅读价值。续集不仅记录了历史时代的变迁，也交代了阿多斯、阿拉密斯、波尔多斯、达达尼昂等人的最终归宿。

除《三个火枪手》之外，《基度山伯爵》是大仲马另一部更为著名的小说。《基度山伯爵》取材于一部叫作《关于路易十四以来巴黎警察局档案的回忆录》的书，但又并非涵盖该书的全部内容，只是择取其中一则名为《复仇的金刚钻》的故事。大仲马从这则离奇的凶杀案中看到

---

① 大仲马. 三个火枪手[M]. 郝运，王振孙，译. 上海：上海译文出版社，2011：3.
② 郑克鲁. 外国文学史（上）[M]. 北京：高等教育出版社，2006：199.

了巨大的写作价值。于是,在与合作者奥古斯特·马凯拟定好写作大纲之后,从1844年8月28日起,大仲马开始在《议论报》上连载《基度山伯爵》,直至1846年1月25日结束,共计136期。

《基度山伯爵》通过叙述法老号大副爱德蒙·唐泰斯被告密而遭迫害,越狱后化名基度山伯爵报恩复仇的故事,不仅揭露了法国七月王朝时期银行家、检察官、贵族院议员等上流阶层人物的血腥发迹史,而且宣扬了大仲马惩恶扬善的社会主张。大仇得报之后,基度山伯爵便离开巴黎,带着海黛公主远走高飞了,并留下这样一段令人无法忘怀的话:"人世间无所谓幸福与不幸,只有一种境况与另一种境况相比较,仅此而已。只有经受了极度不幸的人,才能感受到极度的幸福。马克西米连,必得渴求过死亡的人,才能领悟活在世上有多美好。你们生活吧,幸福吧,我心爱的孩子们,永远也不要忘记,在上帝肯向人类揭示未来之日到来之前,这两个词就涵盖了人类的全部智慧:等待和希望!"① 在《基度山伯爵》的末尾,大仲马为读者预留了这样一个在等待中被拯救的希望,但是,"小说并没有提出任何解决社会问题的方案,基度山伯爵只能被看成是对社会黑暗发出抗议的一种力量,他既表明了一种理想,又表明了金钱的腐蚀人心的力量。他用知识、矫健的身体、精湛的剑术与枪法、嫉恶如仇的精神力量,还有金钱去驾驭这个使人变坏的社会。同时他又具有优异的品质,凌驾于社会之上。这虽然使他显得像神灵一样,但这种神话般的模式却能突出和反映社会的矛盾、人们的失望和从矛盾中产生的梦想"。②

《基度山伯爵》为大仲马赢得了更高的声誉,吸引了一代又一代读者,基度山伯爵几乎成为大仲马的身份代言人。大仲马在完成《基度山伯爵》之后,便开始筹划基度山城堡的建设。《基度山伯爵》还先后被翻译成

---

① 大仲马. 基督山伯爵[M]. 李玉民,译. 北京:中国文联出版社,2015:272.
② 郑克鲁. 外国文学史(上)[M]. 北京:高等教育出版社,2006:203.

几十种文字在世界各地传播,并多次被拍成电影,甚至被公认为世界通俗小说的扛鼎之作,影响深远。"虽然《基度山伯爵》自问世以来好评如潮,却也有一些传统秩序的卫道者发出'不道德'的聒噪之音。这部小说确实集中了浪漫派小说的各种特点,从批判资产阶级的价值和对神圣观念的怀念,从历史的倾向性到异国情调的梦幻,作者以其编织故事的杰出才能和捕捉不合理现象的不同凡响的敏感,使他的这些描写达到了那一时代想象力的高峰,从而使这部小说至今仍然具有强烈的魅力。"①

《三仲马传》的作者安德烈·莫洛亚曾说:"在全世界,声望超过大仲马的,恐怕并不多见。地球上各民族都读过他的作品,并将世世代代地读下去。"② 作为19世纪浪漫主义文学阵营中的一员,大仲马主张废除古典主义戏剧的陈规陋习,积极推动浪漫主义戏剧的创作,认为"这新的戏剧,应该是古典主义和伪古典主义戏剧的鲜明的对立物。它将不再向上古的希腊、罗马讨生活,而是取材于中古以降的历史;它将不再是理性的沉闷的图解,而是情欲的生动的写照;它将不再以内心分析为

故居大厅

---

① 郑克鲁. 外国文学史(上)[M]. 北京:高等教育出版社,2006:202.
② 莫洛亚. 三仲马传[M]. 郭安定,译,杭州:浙江大学出版社,2015:ix.

主，而是以外部动作取胜；它将不再武断地把悲剧喜剧划分得泾渭分明，而是如真实生活里一样，悲剧喜剧交相出现，浑成一体"①。《亨利第三及其宫廷》的上演，便可被视为法国浪漫主义戏剧的先声。

除却在浪漫主义戏剧创作上取得的成绩，大仲马也将长篇历史小说创作提升到一个新的高度。大仲马常以真实的历史事件或历史人物作为主要叙述对象，但又不拘泥于此，而是加以发挥与创作，必要时进行一定的想象与虚构。"历史只是大仲马为自己的小说进行时间、空间定位的一个框子。在大仲马看来，小说与历史的融合，就是演化为有声有色的故事，借典型来复活历史的某种精神。大仲马并没有耐心去钻研学问，他只相信自己的想象的艺术。"②如《三个火枪手》是一部正史趣味与野史趣味兼而有之的长篇历史小说。另外，类似《基度山伯爵》等依托于现实题材的小说，往往具有积极的社会批判意义。《基度山伯爵》虽然过分夸大了金钱的作用，但通过主人公爱德蒙·唐泰斯的赏善惩恶，反映了人民大众对七月王朝腐朽统治的憎恨，表达了对自由平等公平正义的渴望。因此，"不管作家自觉还是不自觉，成功的小说作品都会在不同程度上涵融着各自民族的文化特质和民族精神。大仲马的小说不但体现了大仲马作为共和派作家那种反专制、反黑暗的政治倾向，同样还突出地体现了法兰西民族热情奔放、酷爱自由、爱国尚武的民族性格"③。

合作风波

大仲马一生著作等身，但关于他作品的数量，不同研究者所得数据

---

① 张英伦. 大仲马传[M]. 太原：山西人民出版社，1984：47.
② 严家炎. 似与不似之间——金庸和大仲马小说的比较研究[J]. 南京师范大学文学院学报，2002（1）：85.
③ 严家炎. 似与不似之间——金庸和大仲马小说的比较研究[J]. 南京师范大学文学院学报，2002（1）：89.

不尽相同:斯特洛夫斯基认为大仲马的作品有 1384 本,勒诺特尔认为大仲马的作品有 300 本,莫里亚克认为大仲马的作品仅小说就有 500 卷或 600 卷,格里奈尔认为大仲马的作品包括小说 150 部 300 本、戏剧 25 本,其中 25 本戏剧又细分为 57 出正剧、3 出悲剧、23 出喜剧、4 出歌舞剧、3 出喜歌剧。大仲马虽有健壮的体魄、充沛的精力、饱满的热情,但如此卷帙浩繁的作品并不都是出自他一人之手,其中相当一部分作品是大仲马与他人合作完成的,如奥古斯特·马凯、阿尼赛·布尔茹阿、瑞拉尔·德·奈瓦尔等人。这些合作者在大仲马作品的生产过程中各司其职、各尽其责,扮演着不同的角色,如文献资料查阅者、故事大纲提供者、图书市场调研者、临时"捉刀"者等,以至于大仲马被戏称为"小说制造工厂的厂长"或"小说生产车间主任"。

"他有合作者,但是由他来定稿。"[1]这是大仲马与他人的合作模式。大仲马的同时代人儒勒·艾泽尔对此做过这样的叙述:"不管是他提出设想还是别人向他提出设想,他都必须为伙伴们的工作做好准备,审阅、修改、补充他们的文稿,给出自不同人之手的文字加上统一的笔调,使故事的叙述变得生气盎然,把情节调度得疏密有致。这些工作不仅需要具备无可否认的天才,而且需要付出长时间的紧张的劳动。"[2]可见,大仲马在与他人合写作品的过程中,并非敷衍塞责,而是处于核心地位,起着高屋建瓴的作用。

在署名问题上,大仲马与合作者视文学类型而定,戏剧既可以单独署名,也可以共同署名,但小说只能署大仲马的名字,因为大仲马在争相连载长篇小说的报刊界备受青睐,他的名字就像一个蕴含着无限价值的商标。奥古斯特·马凯是大仲马的合作者中较为知名的一位,他参与过《达芒塔尔骑士》《三个火枪手》《基度山伯爵》等小说的创作,是他

---

[1] 郑克鲁. 外国文学史(上)[M]. 北京:高等教育出版社,2006:200.
[2] 张英伦. 大仲马传[M]. 太原:山西人民出版社,1984:260-261.

首开合写小说中只署大仲马名字的先例。与不具名的作者合写作品的文坛现象，并非大仲马的专利，巴尔扎克、司汤达、圣勃夫等人也曾或多或少地有过合作者。可是，大仲马在与他人合写作品的路上却走得太远了，以至于引起了合作风波。

1844年，一个名叫欧仁·德·米尔库的人自愿成为大仲马的合作者，却遭到大仲马的拒绝。随后，米尔库便倒戈相向，百般诋毁大仲马，不仅上书作协谴责大仲马排挤同行的做法，而且责问《新闻报》，要求其停止刊载大仲马的作品。1845年，米尔库又散布一本名为《小说工厂——亚历山大·仲马公司》的小册子，变本加厉地诋毁大仲马，因诽谤罪被监禁十五天。诋毁大仲马失败之后，米尔库转而效法大仲马，积极寻求文学创作上的合作者，却又百般压榨合作者，最终被人曝光，自食苦果。米尔库虽然失败了，却给大仲马敲响了增强作品版权意识的警钟。为消除潜在隐患，大仲马要求与他合写作品最多、合写时间最长（1839年—1851年）的马凯立下一个主动放弃作品版权的字据。

信誓旦旦立下字据的马凯，后来并未完全按照字据办事，因为陷入债务之中的大仲马根本无法兑现给予马凯的承诺，即每月支付马凯一定

大仲马的将军父亲

数额的钱。与大仲马多次交涉无果之后，马凯——这个曾与大仲马亲密无间的合作者——在1858年将大仲马告上公堂。大仲马与马凯之间的合作，从之前侧重基于道义或友谊的口头协定，过渡到后来侧重于法律义务的字据契约，看似越来越正规化，实则凸显出日益淡薄的人情。

  大仲马和合作者的问题之所以闹得如此沸沸扬扬，有一部分原因是米尔库气量狭小、因妒生恨，但更多的是利益分配不均问题。米尔库的做法虽然不无偏激之处，但也暴露了一些实质性问题。大仲马的文学生产方式是工厂式的批量化或机械化制造，那些各司其职、各尽其责的合作者就像流水线上的工人一样，这使得原本十分个人化的精神创作变为集体化的劳动生产。这种生产方式无疑会降低文学作品的档次与格调，更遑论文学作品的审美价值与独立品格了。即便是对大仲马极为推崇的金庸，也对这种文学生产方式表达过深深的失望与不满："大仲马的小说有好几百部，绝大多数是别人所写，其中一部分是旁人冒名，一部分是大仲马为了还债，雇了无聊文人粗制滥造，一部又一部地写出来的。"①

革命斗士

  在文学大师的身份之外，大仲马还是一名勇于担当的革命斗士，他不仅可以用笔勾勒色彩斑斓的文学世界，也可以用枪点燃生命的豪情与壮志。在政治上，大仲马同他的父亲仲马将军一样，主张共和制度，反对君主专制，希望建立自由平等公平正义的社会。大仲马不仅在创作的戏剧或小说中表达过这样的政治信仰，而且敢于为之投入到实际的革命活动之中。大仲马参与了1830年法国七月革命、1848年法国二月革命、1860年加里波第对那不勒斯王国的征战等。

---

① 金庸, 池田大作. 探求一个灿烂的世纪：金庸／池田大作对话录[M]. 北京：北京大学出版社, 1998：192.

1830年法国七月革命，指的是法国人民推翻复辟的波旁王朝，拥戴代表金融资产阶级利益的路易·菲力普（奥尔良公爵）登上王位的革命。七月革命之前，没落的封建贵族、极端的保王党与教会的黑暗势力相互勾结，扼杀言论自由，妄图保住自己的特权，富裕的市民阶层积极投靠，企图能分一杯羹。中下层的市民则深受压迫，他们强烈要求变革，打破不合理的社会秩序。七月革命之后，法国建立了由银行家、交易所经纪人等金融贵族执掌国家政权的七月王朝。尽管事与愿违，但在此次推翻复辟政权、建立共和政体的七月革命中，大仲马还是积极贡献出了自己的力量，他主动要求去苏瓦松和拉费尔为拉法耶特将军找寻弹药，并顺利完成了任务。

　　之后，大仲马又投身到旺代等省组织的国民自卫军活动之中。对于旺代之行的结果，大仲马专门给拉法耶特将军写了一份报告，这份报告又被拉法耶特将军转呈给了路易·菲力普国王。但路易·菲力普对这份报告不屑一顾，他此时所关心的并不是压制旺代等省的保王党势力，而是消除来自共和派的威胁，加强对国家的掌控力度。路易·菲力普这种倒行逆施的政策与大仲马的政治信仰背道而驰，大仲马遂决定加入国民自卫军的炮兵部队。可是，不久以后，路易·菲力普又在政府《通报》上颁布了解散炮兵部队的御旨。鉴于路易·菲力普对共和派一次又一次的排挤与打压，大仲马不得不上书重申自己"作为文学家只是作为政治家的序言""对信仰的忠诚先于对个人忠诚"的政治态度，毕竟"作家的法则，作家之所以成为作家，作家能与政治家分庭抗礼，或者比政治家还要杰出的法则，就是由于他对一些原则的绝对忠诚"[①]。如此一来，大仲马与路易·菲力普这两个政治信仰相左的人最终沦为陌路人。

　　1848年法国二月革命，指的是法国推翻七月王朝，建立第二共和国的资产阶级革命。在二月革命中，大仲马表现出更高的革命热情，因

---

① 伍蠡甫，等. 西方文论选（下卷）[M]. 上海：上海译文出版社，1979：169.

为在七月王朝的统治之下,大仲马过着入不敷出的生活,而且七月王朝击碎了大仲马希望法国建立共和政体的政治信仰。至于大仲马参与二月革命的形式,可谓多种多样,他既在圣日尔曼城乡宴会上发表反政府演说,又通过创作《红屋骑士》等作品,发出武装推翻七月王朝的呐喊。在二月革命真正爆发之际,大仲马又不顾枪林弹雨,率领所在区的国民自卫军,参加攻克土伊勒里王宫的战斗。二月革命胜利以后,大仲马还积极参与各个地区的竞选活动,试图在政治上一展抱负,但都毫无例外地失败了。

作为一名革命斗士,大仲马还参与了加里波第对那不勒斯王国的征战。在征战过程中,大仲马为加里波第慷慨地捐钱捐物。在攻克那不勒斯之后,加里波第便任命大仲马为文物总监,从事庞贝古城的发掘工作。这一时期,大仲马写下了《加里波第回忆录》《那不勒斯波旁王朝王室历史》等作品。但大仲马以一个外国人的身份,想要全面参与该国的政治,终究是要失败的。于是,在加里波第失势并返回故乡卡普列拉岛之后,无人庇护的大仲马只能离开那不勒斯。

战争是残酷的,离不开流血与牺牲。写出《堂吉诃德》的西班牙作

故居花园

家塞万提斯，不仅在勒班陀战役中被打残了左手，还多次入狱和被俘；写出《老人与海》的美国作家海明威，不顾家人反对，先后参加第一次世界大战与第二次世界大战，结果多次受伤……大仲马更是如此，即使殒身革命也在所不辞，因为从仲马将军那里遗传的热血基因在召唤着他去战斗，去做一名为了政治信仰而勇于抗争的革命斗士。

世界魅力

大仲马的影响是无远弗届的，我国一代武侠小说宗师金庸曾坦诚地说道："《侠隐记》一书对我一生影响极大，我之所以写武侠小说，可以说是受了此书的启发。法国政府授我骑士团荣誉勋章时，法国驻香港总领事 Gilles Chouraqui 先生在赞词中称誉我是'中国的大仲马'。我感到十分欣喜，虽然是殊不敢当，但我所写的小说，的确是追随于大仲马的风格。在所有中外作家中，我最喜欢的的确是大仲马，而且是从十二三岁时开始喜欢，直至如今，从不变心。"①

金庸的小说往往是写乱世时期英雄儿女的故事，如《射雕英雄传》《倚天屠龙记》《碧血剑》分别是以南宋、元末明初、明崇祯年间为历史背景。金庸此种既善于利用历史，又不拘泥于历史的艺术手法，也深受大仲马的影响，他说："《三剑客》并没有教我写人物。我写人物，是从中国的古典小说中学习的。《三剑客》教了我怎样活用历史故事。"②

对于大仲马在小说中塑造人物的功力，金庸也表示过钦佩之情："大仲马能在世界文学史中占一席之地，自然并非由于他的小说中情节的离

---

① 金庸，池田大作. 探求一个灿烂的世纪：金庸/池田大作对话录[M]. 北京：北京大学出版社，1998：204.
② 金庸，池田大作. 探求一个灿烂的世纪：金庸/池田大作对话录[M]. 北京：北京大学出版社，1998：207.

奇，而是由于书中人物的生动。能创造一个活生生的人物，是小说家极高的文学才能。"①

值得注意的是，金庸对于大仲马的小说并非全盘接受，而是有选择地吸收与利用，他曾评价："《基度山恩仇记》和《三个火枪手》的文学价值，都在于书中主角的个性鲜明，形象生动。不过，《三个火枪手》的文学价值高得多，因为《基度山恩仇记》的人物忠奸分明，性格简单，颇为脸谱式，缺乏层次和灰色地带。"②

曾引领中国当代先锋小说潮流的作家余华，对大仲马也钦佩之至，他曾说："《三剑客》和《基度山伯爵》是大仲马的伟大作品，我是二十来岁的时候第一次读到它们的……当时我不吃不喝不睡，几乎疯狂地读完了这两部巨著，然后大病初愈似的有气无力了一个月。这是我阅读经典文学的入门书，去年我儿子十一岁的时候，我觉得他应该阅读经典文学作品了，我首先为他选择的就是《三剑客》和《基度山伯爵》。"③

深受大仲马影响的中国作家，除金庸、余华等男性作家之外，还有张爱玲，她曾在一篇名为《私语》的散文中，叙述逃离家庭的计划时，情不自禁地写道："然而我还是想了许多脱逃的计划，《三剑客》《基度山恩仇记》一齐到脑子里来了。"④当然，大仲马的影响并非局限于文学创作领域，在影视剧方面，如根据海晏小说改编的电视剧《琅琊榜》，便被称为"中国版的《基度山伯爵》"。至于1994年由法国著名导演弗兰克·德拉特导演的电影《肖申克的救赎》，更是带有一种《基度山伯爵》的味道，导演甚至将《基度山伯爵》作为影片隐性主题表达的工具书。大仲马的世界影响力可见一斑。

---

① 金庸，池田大作. 探求一个灿烂的世纪：金庸/池田大作对话录[M]. 北京：北京大学出版社，1998：196-197.
② 金庸，池田大作. 探求一个灿烂的世纪：金庸/池田大作对话录[M]. 北京：北京大学出版社，1998：197.
③ 余华. 我能否相信自己——余华随笔集[M]. 济南：明天出版社，2007：149-150.
④ 张爱玲. 流言[M]. 长沙：湖南文艺出版社，2003：153.

故居小楼

    大仲马的一生，既光彩夺目，又饱受訾议。他是备受歧视的混血儿，又是不断出入上流社会的名人，甚至与雨果、戈蒂耶、拉马丁、马舍雷、奈瓦尔、乔治·桑等人结下了深厚友谊；他作品产量丰富，却非完全出自自己之手，最终也因作品版权问题而被合作者诉诸公堂；他是文学家，却不乏从政的热情；他虽不是建筑师，却留下了令世人神往不已的基度山城堡，甚至伊夫堡监狱也因他而名声大噪……

    大仲马的骨灰在 2002 年 11 月 30 日被迁入巴黎先贤祠，与伏尔泰、卢梭、雨果、左拉等文豪一样享有崇高的荣誉。这不仅意味着大仲马再次得到了世人的认可，而且再一次回应了雨果对大仲马的高度评价："亚历山大·仲马这个名字不仅属于法国，而且属于欧洲；不仅属于欧洲，而且属于世界。大仲马是我们可以称之为文明播种者的那种人，他净化并改善心灵，他丰富着人们的灵魂、头脑、智慧；他激起人们对阅读的渴望,他开掘着人类的心灵,并在人类的心灵播种……"①

(撰稿:王宗辉)

参考文献

大仲马. 三个火枪手[M]. 郝运,王振孙,译. 上海:上海译文出版社,2011.

大仲马. 基督山伯爵[M]. 李玉民,译. 北京:中国文联出版社,2015.

金庸,池田大作. 探求一个灿烂的世纪:金庸/池田大作对话录[M]. 北京:北京大学出版社,1998.

莫洛亚. 三仲马传[M]. 郭安定,译,杭州:浙江大学出版社,2015.

邱立坤. 世界文学[M]. 西安:陕西人民出版社,2007.

司汤达. 红与黑[M]. 张冠尧,译. 北京:人民文学出版社,2000.

童庆炳. 文学理论教程[M]. 北京:高等教育出版社,2008.

汪家明. 难忘的书与人[M]. 北京:生活·读书·新知三联书店,2014.

伍蠡甫,等. 西方文论选(下卷)[M]. 上海:上海译文出版社,1979.

严家炎. 似与不似之间——金庸和大仲马小说的比较研究[J]. 南京师范大学文学院学报,2002(1).

---

① 郑园园. 和法国文化的美丽约会[M]. 郑州:大象出版社,2014:53.

余华. 我能否相信自己——余华随笔集 [M]. 济南：明天出版社，2007.

张爱玲. 流言 [M]. 长沙：湖南文艺出版社，2003.

张英伦. 大仲马传 [M]. 太原：山西人民出版社，1984.

郑克鲁. 外国文学史（上）[M]. 北京：高等教育出版社，2006.

郑园园. 和法国文化的美丽约会 [M]. 郑州：大象出版社，2014.

乔治·桑

　　在享有"法国的花园"之美誉的图尔市，随处可见大大小小的城堡和花园，宛若一幅幅巧手绘制的油画。乔治·桑的故乡——诺昂乡村就坐落其间。她在这里度过了她的童年时代和人生的各个关键时期。徜徉其中，时光仿佛倏地倒流到19世纪，似乎依稀可见杜邦大家族生活的点点滴滴。这个大家族的宅邸被花园环抱，雾蓝色的尖房顶傲然耸立，配以米白色的墙壁，显得清新自然。屋内，客厅与餐厅布置得尤为温馨，诸多蜚声世界的文学家、艺术家曾经来过这里，譬如巴尔扎克、肖邦、德拉克洛瓦、福楼拜、李斯特。此外，我们还可以欣赏到许多古朴典雅的家居，还有一系列饶有风味的木偶展览。在她故居的花园中漫步，转弯就可到达其家族墓地，墓地中矗立着一尊栩栩如生的乔治·桑的塑像。不难看出，当年的乔治·桑大抵也是一位美人。

　　作为19世纪法国文坛浪漫主义文学大家，乔治·桑在世界范围内享有广泛的文学声誉。浪漫纯净的诺昂乡村塑造了她丰沛细腻的文人才情。在她浩如烟海的文字里，也少不了关于她萦绕心头的诺昂乡村的记忆片断，她的笔端常常倾泻出富有诗情画意

乔治·桑故居（法国图尔）

的田园风光，比如名作《魔沼》《小法黛特》。如今的诺昂，因乔治·桑以及她书写故乡的文学作品而成了法国的旅游胜地。每年的六七月，该地都会举办诺昂狂欢节，那是专属于这一浪漫时节的大型音乐活动。雨果曾高度赞扬乔治·桑在那个时代具有独一无二的地位，其他人是伟大的男性，而她是伟大的女性。乔治·桑是那个世纪的骄傲，也是整个法兰西民族的骄傲。

天生的小说家

假如没有父亲莫里斯对爱情的赤诚，乔治·桑或许不会顺利降生，即使生下来也无法获得合法的身份，自然也就不能成长为一位蜚声世界文坛的文学家。乔治·桑的父亲是一名军官，祖母玛丽是一位修养颇高的淑女。她的母亲索菲·杜邦曾有一段沦落风尘的经历，因而祖母一直对索菲抱有成见，甚至一度在巴黎的律师事务所之间奔走，向法庭提起诉讼，旨在使儿子的这桩婚姻无效。直到祖母意识到她的做法可能会使儿子蒙受伤害，这才正式接纳了索菲。当乔治·桑的父亲将她送到祖母的怀抱中时,祖母看着稚嫩可爱的小孙女,不禁惊喜而又激动。可以说,乔治·桑像一个落入凡间的小天使一样,改善了父母与祖母之间的关系。父亲为女儿取名为奥洛尔,这是她的本名,人们熟知的"乔治·桑"实际上是她后来的笔名。

幼时的乔治·桑就对小说创作表现出无与伦比的痴迷,落笔文思泉涌,如有神助。这个"神"正是她自己,她性格中的多情、敏感、执着、不羁等特质造就了她动人的笔风。然而,我们不能武断地为乔治·桑贴上"浪漫主义"的标签,因为她绝非一个浅浅淡淡的抒情者,她作品里反映出来的思想见地早已远远地超越了普通贵族女性的所思所想。人们称乔治·桑为"天才小说家",不仅因为她是一位惊人的多产作家,还因为她在真切地用情感创作,而这情感也并不单单囿于男女之情。她的作品深深地介入到了政治与社会领域,这更使许多同时代的男性文化名人都难以望其项背。

乔治·桑前卫开阔的文人视野一部分得益于她的成长环境以及所受到的教育。据乔治·桑晚年回忆,她的母亲索菲一直倾心关注她的成长。她父亲经常出入的上流社会非但没有介怀索菲的出身,反而对她表示欢迎。而且,索菲也没有妄自菲薄,不觉得上流社会的人天生就比自己高贵。索菲拥有更加自由的灵魂,她不愿刻意地扮演某个角色,她渴望真诚的人际关系,不热衷于巴结对自己有利的王权富贵者,喜欢在喧闹的人群边缘欢快地舞蹈……而这也恰恰是乔治·桑父亲的本真性格。"就这方面而言,还没有任何夫妇能像他们这样好地做到鸾凤和鸣。他们只是在自己的小家庭之中才感到幸福。"[①]父母的性格潜移默化地影响了乔治·桑,使得她的性格也有了几分孤僻而神秘的色彩。索菲不仅温柔恭顺、纯真无邪,还是个天生的艺术宠儿,写作、绘画、歌唱在未经过任何训练的情况下都能做得有模有样。幼年的乔治·桑得到了母亲索菲和

---

① 乔治·桑. 乔治·桑自传[M]. 梅斌,译. 杭州:浙江文艺出版社. 1985:12.

姨母吕茜的教育,她们为她启蒙,教她念书识字以及祈祷。母亲还常常为她讲述丰富多彩的故事,故事讲完了,就又从中编出新的故事,故事里充满天主教寓意中最纯真美妙的事物,如天使与爱神、圣母与仙女、小丑与魔术师,富有想象力和无尽的诗意。自然而然地,小小的乔治·桑已经能通过自己的想象力编织许多具有连贯性的童话故事了。而且,根据乔治·桑的回忆,她在4岁时就已经表现出第一次对音乐的冲动。那是在随母亲前往巴黎一个村庄去看望友人时,听得一阵阵竖笛吹奏的乐曲,悠扬婉转,她不禁陶醉在迷人的乐声中。

后来,乔治·桑的父亲在一次意外事故中不幸遇难,此后小乔治·桑与母亲索菲和祖母玛丽居住在一起,于是同时接受了两种风格迥异的教育。索菲所持的教育观念是自由自在、无拘无束的,用现在的话来讲就是"放养式"的教育;祖母玛丽则对小乔治·桑寄予厚望,希望她能继承家族传统,成长为一个学识丰富、修养很高的淑女,因而采取的是比较严苛的教育模式。索菲和玛丽互相不喜欢对方的教育方式,但是也无法改变对方什么,只能维持现状。待乔治·桑的母亲去往巴黎后,玛丽和儿子昔日的家庭教师德沙尔特一起共同培养自己的小孙女,让她阅读文学名著,学习音乐与写作。乔治·桑对此不仅没有表现出丝毫的厌倦,反倒渐渐地习惯了这样的学习生活。她勤于思考,想象力丰富,所以总是能自得其乐。在祖母长期的灌输下,她了解到母亲索菲过去那段不堪的经历,知道了祖母与父亲有着一脉相承的高贵血统。她不再表现出对母亲无尽的依恋,但也没有转而投向祖母的怀抱,反倒对双方都变得淡漠,学习的热情也不似以往那般高涨。祖母见到此情此景,不禁忧从中来,她希望乔治·桑能长成一个出类拔萃的人,但事态的发展并不顺她的心意。许久之后,她下定决心把乔治·桑送到修道院去,虽然祖母的心情是非常沉重且不情愿的,但是小乔治·桑却格外高兴,因为她可以拥抱全新的生活环境,不再为母亲和祖母的矛盾感到困扰。

于是,14岁的乔治·桑去了一家由英国人建立的修道院。这里的一切都是英国化的,在很多场合中不允许讲法语而必须讲英语,所以她慢慢地学会了英语这门崭新的语言。她自小表现出的旺盛的求知欲在这里一点也没有消减，再加上在父辈影响下逐渐形成的反抗意识，小小年纪的她在接受了两年的系统教育后，已经展现出超乎常人的艺术锋芒。她多才多艺，优雅迷人，这正是祖母玛丽满心期待的淑女的模样。

浪漫的精神特质

后来，祖母玛丽垂垂老矣，疾病缠身，她不得已而让乔治·桑离开了修道院并催促她尽快结婚，玛丽认为唯有如此才能避免乔治·桑在自己去世后重新回到索菲身边。大约一年以后，祖母玛丽过世了。在此期间，虽然乔治·桑也曾情窦初开，与一位名叫斯特凡·格朗萨涅的少年相知相恋，两人也都曾为对方身上散发出的魅力所倾倒，但乔治·桑凭借理智告诫自己这段恋情是得不到好结果的，因为双方的家长都对彼此的家庭出身抱有成见——男孩的家庭虽然富有，但是人丁兴旺，男孩将来继承的家产寥寥，女孩的母亲有着沦落风尘的经历，这对于男孩的贵族家庭而言亦是无法接受的。因此，年方17的乔治·桑出于对家庭的考量选择了终止这段没有希望的恋情。乔治·桑如数继承了祖母留下的

由此进入故居

丰厚遗产，包括一座巴黎的公馆、诺昂的地产以及一笔金钱。祖母生前还嘱托外孙维尔纳夫伯爵当乔治·桑的监护人。很快，居住在巴黎的母亲索菲闻讯赶来，她要夺回对女儿的监护权。维尔纳夫伯爵不愿与索菲有过多的纠葛，便选择了放弃。乔治·桑虽然喜欢诺昂乡下的生活，但是为了顺从母亲的心意，便踏上了跟随母亲前往巴黎的道路。

母亲索菲一向与丈夫的好友杜卜列西斯先生一家有来往，她了解到女儿向往乡下自由自在的生活，为了缓和与女儿的关系，决定带女儿去位于布列西斯乡村的杜卜列西斯家住几天。果不其然，乔治·桑在此地流连忘返，她与这个大家庭相处得极为愉快，杜卜列西斯夫妇也把她当作女儿一样对待，这里的生活环境与诺昂老家也有几分相似，母亲索菲只得允许她在这里多停留一段时日。杜德望男爵家的儿子卡西米尔是一名风度翩翩的军人，因为父辈交好，他也经常来杜卜列西斯家做客。初次见到乔治·桑，他便打趣地向杜卜列西斯的夫人昂日莱说道："这便是我的妻子了。"看似只是一句玩笑话，实际上却成了一个预言。经过一段时间的相处，两个人的关系迅速升温，双方都对彼此萌生了好感。乔治·桑觉得卡西米尔具有善良、诚实的美好品德，不知不觉间便已倾情于他。没过多久，卡西米尔便非常诚恳地向乔治·桑求婚，他说从见到乔治·桑第一面就喜欢上了她，被她迷人的气质折服，他不急于得到乔治·桑肯定的回答，而是希望乔治·桑能认真地考虑他的请求。乔治·桑被卡西米尔的真诚打动，再加上杜卜列西斯夫妇对卡西米尔的认同，她更加乐于接受卡西米尔的求婚了。当然，最终的决策权还是握在乔治·桑的母亲索菲手中。索菲瞻前顾后，就如同大多数女孩的母亲那样，担心女儿会受到方方面面的委屈，一直没有给出答复，这让乔治·桑经常为此感到烦恼。终于，索菲还是拗不过女儿和卡西米尔的坚持，同意了这门婚事。1822年，乔治·桑如愿以偿地步入了婚姻的殿堂，与卡西米尔·杜德望结为了夫妻。

然而，婚后的生活与乔治·桑的期待不甚相符，甚至令她大失所望，究其原因，可能是两人的志趣相差太远。婚后不久，夫妇二人便生下了一个儿子，取名为莫里斯，以此来怀念乔治·桑早逝的父亲。虽然这个孩子的到来唤醒了乔治·桑内心深处的母性，使她感到快乐，但是卡西米尔的表现却不得不使她怀疑婚姻。乔治·桑总是期待丈夫能与自己畅谈文学与哲学，或是一同欣赏美妙的钢琴乐，但是卡西米尔却完全不能安安静静地做这些文雅的事情，要么看书没多久就昏昏欲睡，要么一听到钢琴乐就坐不住。卡西米尔更喜欢将时间花费在各种各样的生活琐事上，比如管理家中的仆人、打猎、收拾花园里的杂草，或是参加一些酒会等等，他总是因为这些事情忙得不可开交。乔治·桑肯定卡西米尔的为人，但是两个人拥有不同的价值观。渐渐地，他们的婚姻出现了裂隙，二人变得貌合神离。对于心高气傲的乔治·桑来说，这个丈夫令她品尝到了婚姻的苦涩，这无疑是一段失败的婚姻。

在当时的社会风气下，许多有夫之妇都有过情人，乔治·桑对这种不忠于婚姻的态度和行为非常排斥，但是随着婚姻生活每况愈下，她也开始按捺不住自己躁动的心。在一次外出旅行途中，她邂逅了一位名叫奥雷利安的青年男子，两人一见如故，都认定彼此是自己的知己。乔治·桑一开始小心翼翼地保护这份难得的感情，害怕被丈夫卡西米尔识破而落得骂名，然而令她万万没想到的是，卡西米尔在一次无意间撞见他们幽会的场景后，出于"家丑不可外扬"的考虑，选择了隐忍。他们三人之间形成了一种共识，只要奥雷利安与乔治·桑保持纯洁的精神交流而不做出其他出格的事，卡西米尔便不会阻挠，也不会向外人泄露。乔治·桑恢复了往日的活力，不再闷闷不乐，她可以随意地与奥雷利安进行思想上的交流，他们高谈阔论，谈诗歌，谈哲学，谈任何他们认为有趣的事情。但是，这种柏拉图式的爱情终究还是耗尽了双方的热情，乔治·桑与奥雷利安的感情无疾而终了。之后，乔治·桑在随同丈夫卡西米尔外出的时候，依然会遇见形形色色有着不同魅力的男人，其中与乔治·桑有共同话题的人不在少数，当然，这些人也都被乔治·桑迷人的性格和外表吸引，所以，乔治·桑又陆陆续续结交了一些男性朋友。最终乔治·桑与巴黎的一位名叫斯特凡·格朗萨涅的男子发生了关系并

故居外景

为他生下了一个女儿。虽然起初乔治·桑还试图矢口否认,但是事实究竟如何,所有人都心知肚明。再到后来,乔治·桑也便不再掩饰,开始唤这个女儿作"小斯特凡"了。

乔治·桑终于还是活成了母亲对待爱情的样子,她抹掉了曾经信奉的贞洁观念,转而持一种开放的爱情观,"只要爱情真诚,这一切都无关紧要"。这个时候,乔治·桑的丈夫卡西米尔不得不承认自己与乔治·桑在思想上的差距,但是又无能为力,他开始沉湎于酒色之中,两人的婚姻名存实亡。乔治·桑就这样继续着自己的生活,经常与丈夫发生争吵,但又很快变得像没事人一样。她常常独自在诺昂老家的一间小房间里书写自己的感受,久而久之,她已经写下几部长篇小说了。

从奥洛尔到乔治·桑

当乔治·桑无意间看到丈夫给自己留下的充斥着愤恨之情的信件时,她终于无法忍受这脆弱的婚姻了。她向丈夫索要了每月固定的生活费，把儿子安置在诺昂，由自己信任的家庭教师对其进行教导，自己则携女儿前往巴黎，寻找她当时的意中人——于勒·桑多。于勒·桑多是她在一次朋友聚会时认识的年轻男子，他受过上等的教育，富有涵养，外貌俊朗。就像其他的男人一样，他对乔治·桑也早已生发了爱慕之情。离开诺昂，乔治·桑终于能够过不受桎梏的生活了，但这也只是一个开始，因为失去了诺昂的寓所，两手空空的她要想在巴黎站稳脚跟，就必须面对残酷的生活现实。卡西米尔每月给她的费用维持日常开销实在勉强，她只有自力更生，才能满足吃穿用度。她尝试了各种办法，写作、画画……可是她的画始终没能得到人们的认可，只有写作，她总是有各种各样的灵感，丝毫不费力气。迫于生计，她不能再将写作仅仅作为一种消遣的方式，而是要以此作为自己的营生。通过友人的帮助，她找到了当时小有声望的文学批评家拉杜什。拉杜什请她担任自己接管的报刊《费加罗报》的编辑，每月可得12法郎50生丁以补贴家用。之后，桑多经由乔治·桑的介绍，也成了这里的一名编辑。两人开始了文学道路上的合作与扶持，他们常常合写文章，发表的时候署名为"J.桑多"。他们合著的第一部书——五卷本的《玫瑰红与雪白》很快出版了，这部现实主义小说得到了业界的众多好评。同时，这对情人与同受拉杜什庇护的巴尔扎克开始了往来。无论是在文学写作方面，还是生活方面，乔治·桑与桑多都能够维系一种互补的关系，他们因为有了彼此而如鱼得水，生活虽然不甚富有，却处处洋溢着自由、幸福、希望。"我爱，故我在。"乔治·桑用热烈的情爱张扬了自己的生命，并为后人留下了浪漫华美的文字。

《玫瑰红与雪白》出版后，乔治·桑开始独自创作《安蒂亚娜》。《安蒂亚娜》中的女主人公实则是乔治·桑本人的一个影子，安蒂亚娜也在婚姻中感到迷茫，她受困于世俗的条条框框，内心也像乔治·桑本人那样渴望真挚的爱情。可以看出，乔治·桑借由此书倾吐了多年来自己对婚姻与爱情的思考，从中寄托了对纯粹爱情的憧憬之情。这本书完成后，桑多自叹不如，并且坚持认为这本书不能署他们共用的笔名，因为他不曾参与创作。乔治·桑不禁犯了难，夫家注定不会再让自己署"杜德望"了，母亲也与她有嫌隙，"杜邦"自然也是不能用的，于是她思来想去，决定将与桑多合用的笔名改一下，成为"乔治·桑"。这是她第一次使用这个笔名，此后，这个笔名伴随了她接下来的整个文学生涯。这个名字具有男性色彩，这是因为她渴望他人能够像看待男性一样看待她，使她在文学世界中收获尽可能平等的眼光。乔治·桑在《安蒂亚娜》中的创作手法受到了巴尔扎克的影响，拉杜什、巴尔扎克都对她做出了极高的评价，学界甚至有人盛赞她能超越法国女作家德·斯达埃尔夫人。乔治·桑在法国文学界一举成名。她的第二部小说《瓦朗蒂娜》的题材与第一部相似，也描写了女性在失败的婚姻中冲破世人的眼光牢笼并获得幸福的故事。她在作品中表达的思想与当时流行的圣西门主义不谋而合。圣西门主义者认为，如果女性继续坚定忠贞不渝的原则，那么女性的解放便是不可能的。因此，圣西门主义者连同许多有相似感触的女性都开始崇拜乔治·桑，乔治·桑几乎成了这些人的全新代言人。崇拜者蜂拥而至，打破了乔治·桑正常的生活秩序，她不得已而辞去了在报社的工作。辞职后的乔治·桑对崇拜者们不做回应，只是将自己关在书房里，安安静静地写作，越来越多的作品在她的笔下诞生了。

　　再次回到家乡诺昂的时候，乔治·桑早已不再是昔日的那个杜德望夫人，而是享有声望的"乔治·桑"了。对于她与拉杜什的关系，人们总有许多猜测，但在他们本人看来，这应当是一种超乎男女关系的深厚情谊吧。她在文学界声望渐起的同时，身边亦环绕着无数讽刺她品行不端、放荡自我的声音，因为乔治·桑仿佛在爱情世界里永远不能得到满足。她越来越发觉桑多与理想中的情人差距太大，因而日益感到烦闷，这段恋情最终以乔治·桑驱逐桑多为结局。虽然巴尔扎克十分欣赏乔治·桑的才华，但他认为是乔治·桑背叛了桑多，因而疏远了乔治·桑。于勒·桑多被抛弃以后，很长一段时间都沉浸在苦痛之中无法自拔，他把这段与乔治·桑共同经历的岁月用文字记录了下来，写成了《玛利亚娜》一书。书中的主人公玛利亚娜很显然就是乔治·桑的一个缩影，她与乔治·桑都视浪漫超过一切。

随着乔治·桑的成名,她拥有了更多的仰慕者,批评家圣勃·夫便是其中之一。圣勃·夫读过乔治·桑的作品后,欣赏其文学才华,再加上对女性内心世界的好奇,他一度渴求能与乔治·桑相见。乔治·桑听闻后,出于对圣勃·夫的尊重,与他相约见面,品读文学作品。她把自己新创作的小说《莱莉亚》念给圣勃·夫听。这部小说的题材依然如故,只是更加侧重表达女主人公莱莉亚在爱情中的母性本能与肉欲的矛盾。圣勃·夫的好友、唯美主义作家梅里美与乔治·桑相识后就按捺不住想要征服这位美人的欲望,对乔治·桑展开了热烈的追求。他眼中的乔治·桑聪慧而叛逆,冷冽又温情,散发着无穷的魅力。乔治·桑一开始找各种理由搪塞梅里美,但终归没能招架住他不懈的追求,处在痛苦与孤寂中的她答应了梅里美的请求。但是梅里美这个敏感细腻的人在与乔治·桑相处中慢慢发现了对方身上的缺点,他认为乔治·桑傲慢虚伪,于是迅速将火热的感情冷却下来,并开始看不起这个总是一副清高模样的女人。乔治·桑遭受了梅里美的嘲讽,尽管如此,她认为自己没有犯下任何过错,因而不必为此感到羞耻。

故居门厅

故居餐厅

"自由的爱情和夫妻的爱情同样显得叫人失望。"[1]乔治·桑曾经怀着对纯粹、高尚爱情的向往步入婚姻轨道,但她自由的灵魂却无法容许自己与志趣迥异的卡西米尔共度一生,否则,她会抑郁而死。她挣脱夫妻关系的束缚,寻求来自情人的安慰,然而出于外在环境的干扰,她无法将自己年轻时的爱情观一以贯之,开始尝试迎合爱人的同时,却也为此感到烦恼。她让自己沉浸在爱的洋流里,也沉沦在痛苦的漩涡中,但她无法停止爱与被爱,自由与浪漫是她终生的追求。她和自己笔下的女人们一样,始终相信唯有爱可以使躁动不安的心灵获得宁静。

与诗人缪塞的邂逅

1833年春,《两世界评论》杂志举办宴会,乔治·桑应邀随批评家

---

[1] 安安. 乔治·桑[M]. 哈尔滨:黑龙江人民出版社. 1997:110.

古斯塔夫·普朗什参加。是年,乔治·桑29岁,阿尔弗雷德·缪塞23岁。阿尔弗雷德·缪塞在诗坛已崭露头角,外形俊朗,衣着考究,在人群中自有一种夺目的光彩。缪塞虽然年纪尚轻,却早已品尝情爱之味,是世人眼中不折不扣的风流才子。乔治·桑在熙熙攘攘的人群中看到了缪塞,但是出于对自己衰老容貌的自卑,再加上对传言中缪塞放荡成性的恐惧,她没有主动向缪塞表达自己的好感。但是,缪塞却很快捕捉到了乔治·桑的迷人之处,她明眸善睐,顾盼生辉,卷曲的长发增添了几许温柔。缪塞忍不住去阅读乔治·桑的小说,想要进一步了解她的思想。读罢《安蒂亚娜》后,他大为所动,对乔治·桑更增加了几分仰慕之情。他开始了与乔治·桑的书信往来,在信中倾吐自己对《安蒂亚娜》的感悟。缪塞还常常为乔治·桑作诗,深情款款的诗句让乔治·桑从字里行间感受到了他的诚挚,拉近了与他的距离。他们不仅畅聊文学,也谈旅行、生活。他们一同去枫丹白露,因为两人都对自然世界有着由衷的喜爱。他们还相约来到意大利,这个国家对他们有一种神秘的吸引力。一同旅行的日夜里,乔治·桑仿佛变得像缪塞一样年轻,她重新感受到了爱情的甜蜜。每当写完或发表一部小说,乔治·桑总会第一时间让缪塞阅读,请他发表见解。在送给缪塞的书的扉页上,她往往会亲笔写上"送给我的孩子阿尔弗雷德先生",或者是"送给阿尔弗雷德子爵先生"。两人刚在一起时,正值乔治·桑的小说《莱莉亚》发表之际。在乔治·桑与缪塞的关系模式中,我们其实仍能看到昔日她与桑多的影子,她喜欢的这两个男人都有着文弱的气质,她则对情人表现出像母亲一样的关怀,甚至有人说,乔治·桑在爱情里似乎乐于扮演一个男性的角色,因为在性格上她比对方要强硬得多。

即使陷入火热的爱情之中,乔治·桑也笔耕不辍。可以说,她比她结识的这些男人都更为勤奋。她每天都能按时按量地写作,当注意到情夫懒懒散散的时候,她便严肃地提醒对方,这经常使得对方自惭形秽。起初,缪塞因为乔治·桑将自己当作一个孩子一样来爱而感到满心欢喜,但这种爱久而久之变成了一种负担,他开始厌烦乔治·桑,认为她持有的是一种修女式的爱情观。乔治·桑与缪塞最终不欢而散。乔治·桑失去缪塞后，隐居在威尼斯坚持写作，五个月后，她完成了《雅克》一书。《雅克》仍未脱离婚姻的主题，但是角度较之以前已有所改变。她把她心目中理想的男性的高贵品质都赋予了作品中的丈夫雅克，相反，雅克年轻的妻子却无法理解丈夫的高贵品质，对丈夫的爱慕之情逐渐冷却，开始寻觅情人。雅克后来选择了原谅妻子堕落的品行，并以自杀的方式给予妻子最后的自由。《雅克》出版后，她依然送给缪塞一本，只是这次她在扉页上的赠语变得冷漠、客气："乔治献给阿尔弗雷德。"分手后，缪塞虽然重新过上了往日酗酒、寻花问柳的日子，但是他再难以收获与乔治·桑相处时感受到的快乐，乔治·桑亦对缪塞怀有思念之情，只是她更冷静，虽然对这段感情深感惋惜，但还是选择放手。1834年，两人彻底分别，缪塞前往巴黎，乔治·桑返回诺昂。1836年，缪塞为乔治·桑写的书问世了，这部书便是缪塞的代表作之一——《一个世纪儿的忏悔》。小说主人公奥克塔夫渴望爱情，但又怀疑爱情，热恋布里吉特，却又不信任她的忠诚，以至于走投无路，陷于困境。作者细致地刻画了主人公这些矛盾的心理状态，揭示了主人公的心理活动过程。故事中本该美好的爱情却因主人公无法疗愈的心灵创伤而导致双方以分手收场。

跌宕的情事使乔治·桑身心俱疲，她比从前更加忧郁，甚至有时会认为自己再也无法从事写作。她感觉自己不会再拥有爱情，也无法从宗教中获得解脱，好像成了一个被上苍无情抛弃的遗孤。朋友们建议她与丈夫卡西米尔重修旧好，不论是为了孩子们，还是别的什么原因，但这一提议被她斩钉截铁地拒绝了。并非因为卡西米尔令她多么厌烦，只是在她看来，女人不应该是男人的附属品，女人有能力经营自己的生活，爱情里掺杂其他的欲念令她感到反感。于是，乔治·桑与卡西米尔协议离婚了。在当时那个年代，这次离婚堪称一个创举。

"乌托邦"的社会理想

　　乔治·桑放缓了追寻理想爱情的脚步，将视野放大到法国风云变幻的社会环境中，她是一个喜爱思考社会问题的理想主义者。这个时期，她的社会政治理想迅速生长，这得益于她经朋友介绍认识的律师米歇尔·德·布尔日。米歇尔是一名狂热的共和主义者，政治上倾向于革命，认为应该通过血腥手段谋取政权。米歇尔激进的革命思想将乔治·桑从虚无主义中拽了出来，乔治·桑愿与这个强大的男人并肩战斗。但随着进一步深入了解，乔治·桑意识到米歇尔的政治观念过于激进且暴力，这与她崇尚爱与正义的天性是相悖的，他们不能完全同意彼此的观点，两个人的关系也渐渐陷入僵局。乔治·桑认为只有实现平等的社会理想，才能借此实现平等的爱情理想。她希望通过改善社会不平等的现象，最终实现妇女的真正解放。从这个意义上来看，她还是一位具有真知灼见的女性主义者，她强调女性获得自由以及其他应得的权利，而不是在婚姻中疲于困兽之斗。她反对男性在社会中对女性的歧视和压迫，尤其是

故居卧室

通过剥夺女性发挥聪明才智的机会对女性进行的全面压迫。

较之妇女解放，乔治·桑认为更加迫切的是建立消除贫困、消灭阶级的社会制度。这反映在她后期的文学创作中，《安吉堡的磨工》《木工小史》《康素爱萝》等作品的主题便从家庭、婚姻扩展到社会矛盾。乔治·桑在友人的引荐下还拜访了皮埃尔·勒鲁。勒鲁是《环球报》的中坚力量，和乔治·桑一样，他也呼吁自由革命。1830年七月革命之后，勒鲁意识到理想中的自由应该通过"组织"的手段来实现，于是他正式投身于圣西门主义运动，并由此产生了编纂百科全书的想法。1831年，《百科全书评论》杂志出版，三年后，《新百科全书》陆续分批面世。《新百科全书》如同18世纪的《百科全书》一样，是为一种思想服务的教科书。勒鲁首次提出了"社会主义"的概念，这一概念最终指向一个自由平等、和谐统一的理想社会，这便是他的思想核心。他向往一种名为"融洽主义"的社会图景，反对阶级斗争等暴力行为，希冀社会群体统一友好。这与乔治·桑崇尚民主、人道的思想观念不谋而合，因此乔治·桑对他产生了好感和信任，甚至成为勒鲁的忠实信徒。在勒鲁的影响下，乔治·桑成为一名宣扬共和主义、自由平等的战士，其文学创作也不再囿于婚恋题材。

社会小说的创作是乔治·桑社会思想进一步成熟的标志。1840年，乔治·桑创作了第一部真正意义上的社会小说《木工小史》，赞美了手工业者和无产阶级，揭露了互助会内部的争斗，初步阐发了勒鲁的"融洽学说"，并由此开始创作了一系列具有政治倾向性的作品。这部作品带有鲜明的反抗传统约束和阶级压迫的色彩，大致可以分为三个部分：第一部分的重点是行会各派的矛盾和斗争，第二部分是写法国烧炭党人的地下活动，第三部分是写两个青年木工和两个贵族妇女的爱情。乔治·桑一直是卢梭的信徒，关心劳苦大众的命运，因此对木工行会间的倾轧与内耗感到痛心，她笔下的比埃·于格南是她心目中理想的工人形象，这个工人要带领大家走上团结发展的道路，反抗无产阶级受到的压迫，他的身上投射着乔治·桑朴素的社会主义理想。不过这个形象因为过于神秘、理想化而被指责落入了俗套。乔治·桑不吝于写跨越阶级的爱情，但是这部小说中的爱情故事更多的是为表现反抗压迫、打破传统精神服务的。这部作品标志着乔治·桑写作事业第二个十年的开端。而且，这部歌颂共产主义的作品作于《共产党宣言》发表前八年，这不由得让人折服于这位女作家的政治敏锐性和前瞻性。

相较于早期小说的纯粹浪漫风格，乔治·桑这一阶段的作品掺入了更多的现实主义元素，她的小说成了其社会政治理想的传声筒。从过渡时期的《莫普拉》到这一时期的《木工小史》，乔治·桑的创作完成了从相对狭隘的婚恋小说向更为广博的社会小说的转变，主题的扩展标志着乔治·桑的创作日臻成熟，她的社会影响力也因此日益扩大。《康素爱萝》发表于1842年至1843年之间，乔治·桑将目光扩大到整个欧洲，篇幅扩展至六十万字，在整个欧洲引起了巨大的反响，被视为乔治·桑"最长也是最有名的一部小说"。《康素爱萝》没有浓重的政治色彩，反倒更像是一幅广阔的欧洲19世纪社会风俗画卷，描写了女主人公康素爱萝在欧洲大陆游历的过程，从而为读者展现了当时社会生活的方方面面，既包括当时糜烂不堪的宫廷生活，又有哈布斯堡王朝统治下民不聊生的农村景象。康素爱萝有着崇高的艺术追求和社会理想，她追求自由解放的思想是乔治·桑空想社会主义的理想再现。乔治·桑1845年发表的《安吉堡的磨工》也被视为空想社会主义小说的代表作。当时资本主义秩序已经在法国建立并得到巩固，资产阶级价值体系和道德观念左右着整个社会生活。在这部作品中，乔治·桑对社会现状的攻击重点也由阶级矛盾转为金钱的罪恶，而后者与人性的冲突则是通过金钱对爱情的影响来展现的。女作家在作品中安排了两段恋情：贵族寡妇玛塞尔与机械工列莫尔之间以及安吉堡的磨工格南·路易与富农的女儿罗斯之间的恋情。这两段恋情的主要纠葛实际上就是贫穷与富有的矛盾。在这部小说中，乔治·桑将经济地位的差距视为阻碍男女相恋的根本因素，体现了乔治·桑对资产阶级的批判。

总体上看，乔治·桑这个阶段的文学创作既不像第一阶段的婚恋小

故居外景

说那样文采斐然,也不像第三阶段的田园小说那样具有突出的艺术创作技巧,但这一时期的作品彰显了她作为早期法国女性作家所特有的广阔的社会理想。此外,她还积极描写工人阶级的现状,因而有人称她为"无产阶级的同路人"。除了文学创作,她还积极地参与了"有产阶级放弃特权以实现平等均富"的政治活动,与勒鲁合办《独立杂志》宣传共产主义。她的思想不仅影响了本国读者,甚至鼓舞了后来的苏联及中国的大批怀有共产主义理想的有识之士。因此,此时的乔治·桑完成了从追寻个人幸福到追寻全人类幸福的巨大转变,她在追求真理的道路上,通过与现实的磨合,探索终极理想,这使她的文学之路与人生之路越走越宽广。

与音乐的情缘

在一次作家与艺术家聚会的沙龙上,乔治·桑第一次听到波兰音乐家弗雷德里克·肖邦的演奏。幼年时,乔治·桑常常坐在祖母玛丽的羽管风琴旁欣赏优雅动听的音乐，成年后也经常聆听音乐家李斯特的钢琴曲，所以她很容易就能从音乐中获得共鸣。1837年，肖邦因为虚弱多病而受到订婚对象玛丽的疏远，内心极度需要安慰，他从乔治·桑那里得到支持的力量，两人互相倾慕。特别值得一提的是，在对爱与美的不懈追求这一点上，他们自始至终保持着一致。乔治·桑一度自以为已经枯萎的心再一次燃烧起热烈的火焰。

写作《康素爱萝》之时，乔治·桑与肖邦交往正酣，也因此与音乐界来往频繁。《康素爱萝》称得上是一部18世纪欧洲音乐编年史：康素爱萝是一名歌者，她从威尼斯出发，脚步遍及欧洲音乐艺术发达的地区。乔治·桑不仅将此书写成一部音乐游记，还试图通过这部作品抒发她对音乐、人生的思考。音乐开启了康素爱萝新的人生，赋予她无尽的创造力。故事的最后，康素爱萝成功地谱写出一曲《女神赞歌》，这不仅彰显了女性的艺术创造力，更是给所有轻视、损害高雅艺术的贵族阶级一记响亮的耳光，这也是这部作品的革命性的有力展现。《康素爱萝》这部小说的独特性在于作者不仅塑造了一个敢于打破传统婚姻桎梏的自由女性的形象，还将音乐艺术拔高到可以教化民心的地位。

不可否认的是，肖邦、李斯特、罗西尼等音乐家的事迹激发了乔治·桑的灵感，更为小说的创作贡献了诸多素材。当肖邦和乔治·桑在草地上散步时，和着风笛声，村民们翩翩起舞，风笛声启发了乔治·桑创作出小说《风笛手》。肖邦也在同乔治·桑的相处中获得了情感滋养，产生无数的灵感，创作出不少叙事曲和前奏曲。而且乔治·桑具有超乎常人的音乐欣赏能力，这对肖邦来说也是难能可贵的。

两位有才华的人彼此惺惺相惜，互相产生了有益的影响。肖邦身体羸弱，疾病缠身，逢阴雨天气便咳嗽不止，乔治·桑非但没有对他显露出厌倦和灰心，还充分发挥她的母性，尽心竭力地照料他。在外人看来，他们二人琴瑟和谐，鸾凤和鸣。然而，久而久之，肖邦对乔治·桑产生了怀疑和猜忌的渊薮。他们的恋情维系了九年，最终两人还是和平分手了。分手之后，乔治·桑仍然关心肖邦的健康状况，像一位温柔慈祥的母亲挂念着弱小的孩子一样。1849年10月17日,肖邦与世长辞。有人说,他临死时曾喃喃地说:"乔治·桑对我说过,我只能在她的怀抱中死去。"

田园主义的理想

自古很多文人对社会的不合理现象感到无奈时便会寄身于田园,静谧安详的大自然往往成为他们的心灵家园。1848年巴黎的六月起义以失败告终,乔治·桑对暴力革命的血腥深感厌恶,开始怀念诺昂的和谐、宁静。她沿袭了卢梭"回归自然"的思想,将大自然作为精神的寄托和歌咏的对象。

乔治·桑以贝里地区为背景,创作了一系列田园小说,其中《魔沼》《小法黛特》《弃儿弗朗沙》最为著名。《魔沼》描写的是底层人物热尔曼和玛丽的爱情故事,这部小说将对感情的描写与对大自然的描绘熔于一炉,标志着乔治·桑的文学创作进入了第三个阶段——田园小说阶段。这部小说一改社会小说叫好不叫座的尴尬局面,成为畅销作品,她也因此被誉为"法国浪漫主义文学大师"。1848年,《小法黛特》开始在《目击共和国》报上连载。乔治·桑的女权主义思想在这部小说中得到了前所未有的体现。与《莱莉亚》相比,《小法黛特》少了几分尖锐,多了几分被田园风情柔化的温情,文风更加沉稳含蓄。"毫不夸张地说,在乔治·桑的所有田园小说中,《小法黛特》是受众最广、影响力最大、生命力最持久的一部。"[1]

在偶然的一次外出中,乔治·桑在拉克乐兹河谷发现一个名叫加尔吉列斯的村落,一时间对这个静谧的地方产生了痴迷之情。村子建在洼地上,有泉水,景色秀丽,村旁有一条小河蜿蜒流过,村里有拜占庭式的教堂和一座浪漫主义风格的城堡。乔治·桑希望在田园式的生活中安闲度日,于是在河边买下了一幢房子。以后她便经常在这里安静地工作,

---

[1] 宋旸. 论乔治·桑小说创作中的理想主义发展轨迹[D]. 南京:南京大学,2011:124.

享受着田园的乐趣。

1870年7月，普法战争爆发了，军事消息被封锁，群众们被忧愁焦虑笼罩。8月，失败的消息散播开来。乔治·桑希望祖国能重获和平，她为当下的局面感到深切的难过。停战期间巴黎政府得以重新控制法国，这使乔治·桑坚信祖国拥有强大的复兴能力。随着革命事件的迭起，乔治·桑的思想逐渐发生了转变，她明白，拯救一个开明的共和国需要时间，人们需要耐心。

垂暮之年的乔治·桑还是保持着自身的活力。夏日炎炎，她就到村里的小河游泳，河水凉爽宜人，河边树木成荫。她把身体浸没于河水中，像一条自在的鱼。她后又结识了福楼拜，经常写信给他，向他描述自己的精神状态，福楼拜也常常来看望她，两个人都喜爱谈论写作、艺术、爱情、生活，他们是难得的知己。光顾她家的客人还有小仲马夫妇、屠格涅夫等，大家聚在一起有时试读未发表的新作，有时像孩子般傻笑。60岁时的乔治·桑仍未改变她爱开玩笑的嗜好。写小说就像一个无法改变的习惯一样，每晚待客人们就寝后，她都要坚持写完二十页小说才缓缓睡去。

1876年初春，乔治·桑已经72岁了，死亡之神正无声无息地降临到她的身边。她偶尔会感到肝脏不太舒服，但以为是顽固性便秘而没太在意。但这一症状愈演愈烈，肝脏的剧痛常常使她大声呼喊。虽然医生为她做了手术，但是疼痛还是没能远离她。6月8日，乔治·桑停止了呼吸。

乔治·桑被安葬在诺昂的墓地里，这是她一生都魂牵梦萦的田园故土。儿子莫里斯在葬礼上宣读了维克多·雨果的一封信，信中这样写道："乔治·桑是一种思想，她超出了肉体，她自由了，她去世了，她却永生了。"雨果还盛赞她在这个时代具有独一无二的地位。她是同时代人所认为的最伟大的作家之一，她一生写了100卷以上的文学作品、20卷的回忆录《我的一生》以及大量书简和政论文章。她有着极为丰富的情感，她的身边从来不缺少追求者，她与大文学家缪塞的情事、与音乐大师肖邦多年的同居生活，常为人们所津津乐道。除了关注情爱，她还对政治充满热情，这是她不同于普通女性作家的特质，她具有相当强烈的社会主义思想，是女性解放的先驱。毫无疑问，她将永远是法国的荣光。

（撰稿人：赵平）

参考文献

安安. 乔治·桑[M]. 哈尔滨：黑龙江人民出版社，1997.

乔治·桑. 乔治·桑自传[M]. 梅斌，译. 杭州：浙江文艺出版社，1985.

宋旸. 论乔治·桑小说创作中的理想主义发展轨迹[D]. 南京：南京大学，2011.

安徒生

　　在冰碛岩绵延起伏的菲英岛上，有一个古朴典雅的城市，它是哥本哈根通往日德兰半岛的必经之地，也是丹麦的第三大城市，叫作奥登塞。奥登塞美丽迷人，是一个典型的北欧城市，在通往市区的公路两旁，一座座红墙红瓦高屋顶的房子让人心驰神往。这里既有线条简单明晰、造型厚重敦实、颇具城堡时代特征的罗马式建筑，又有尖顶直刺苍穹、具有鲜明宗教特征的哥特式建筑。不少建筑内顶及回音壁上绘有描述宗教故事的壁画，光线通过彩色玻璃窗射进来，变作血红、橙红和暖黄的华彩，营造出一种神秘的幻觉。在这里，人的创造力与宗教神思悄然交汇，将一座城市的过去、现在和未来编织在一起。奥登塞面积仅为53平方公里，却因为是世界童话之王汉斯·克里斯蒂安·安徒生的故乡而享誉世界。

　　1805年4月2日，安徒生出生在奥登塞的蒙基莫莱街3号。安徒生在这里居住了14年，可以说这里承载了他童年的无限回忆，这一段成长经历也对他之后的童话创作产生了潜移默化的影响。1905年，为纪念安徒生100周年诞辰，这里建起了安徒生

安徒生故居（丹麦奥登塞）

博物馆，后于 1930 年和 1975 年完成两次扩建。安徒生博物馆是一座红瓦平房，黑色的大门顶端贴着放大了的安徒生的剪纸作品，据说是少女的头像。博物馆共有陈列室 18 间，前 12 间按时间顺序介绍安徒生生平及其各时期作品，展示了大量的安徒生的手稿、来往信件、画稿以及丹麦一些名画家、艺术家创作的有关安徒生生活的油画和雕塑。[1]陈列室中的家具、旧皮箱、礼帽、雨伞、手杖等按照原样摆放，体现了他朴素的生活趣味。博物馆第 13 间至第 18 间是图书馆和录像录音播放室，人们在这里拿起听筒就能听到安徒生的童话故事。这些陈列室中摆放了 68 个国家出版的 96 种文字的安徒生著作，收藏的中国出版的安徒生童话及著作共有 27 种，其中最早的是 1926 年发表在《小说月报》上的安徒生作品的中文译文。[2]

---

[1][2] 参见洪海东. 世界五大洲奇观[M]. 北京：中国国际广播出版社，1999：244.

博物馆附近有一座安徒生纪念公园，园内放置了一尊安徒生铜像。这尊约 3 米高的铜制塑像身着西装长袍，头戴高礼帽，左手拿拐杖，右手握着一本书，并以食指隔开书页，头部朝左微微抬高仰望远方，脸上带有孩童般天真的神色。这尊塑像坐落在人潮熙攘的大街旁，每天都有游客络绎不绝地前来瞻仰大师的面容，并拍照留念。铜像对面，有 11 只铜天鹅摆放在草坪之上，这是根据安徒生《野天鹅》的故事制造而成的。公园中还有一条微波粼粼的小河，天鹅和小鸭子在里面游来游去，充满童话的意境。

苦闷的童年

"我的一生是一篇丰富多彩且美丽异常的童话故事。虽然我在孩提时代只身闯荡世界时，身无分文，举目无亲，但是我遇到了一个仙女，她对我说：'你必须看准前方的方向，决定你的终生奋斗的目标，那么，我会根据你的要求，为你指路，保护你。'"[①] 可以说，《安徒生自传》中这一段开头的话是作家对自己的一生最贴切且具诗意的总结。

1805 年，安徒生出生于丹麦奥登塞城一个贫穷的鞋匠家庭。父亲是一名鞋匠，母亲是一名洗衣妇。母亲虽然没受过正式的教育，却熟知民间各种传说和神奇的故事，童年的安徒生在母亲的引导下进入了民间传说的奇幻世界。尽管物质匮乏所带来的艰辛与苦涩笼罩着整个家庭，但母亲却用她那温柔的声音创造了一个又一个奇妙的梦境，为安徒生的童年增添了一抹温情的色彩。在母亲的鼓励下，安徒生开始了自己的童话创作，并参与木偶戏的演出。1814 年，安徒生的父亲去世，两年后，母亲改嫁，安徒生开始在一所慈善学校读书。1819 年，14 岁的安徒生带着仅有的 13 块钱前往哥本哈根追寻自己的理想。那时正是资本主义

---

① 安徒生. 安徒生自传——我生命的童话故事[M]. 金燕, 译. 北京：民族出版社，2005：1.

发展的黄金时期，财富的积累建立在对穷苦劳工的剥削和压迫之上，安徒生在狭小的矮屋里做最底层、最穷苦的童工，每天夜里拖着疲惫的身体回到家中。在最黑暗无助的时候，安徒生读到了《一千零一夜》和拉·封丹的寓言，小心地呵护着内心的希望之火。一次偶然的机会，安徒生在首都观看了哥本哈根皇家剧院的演出，自此之后，他对艺术更加倾心。1819年，安徒生在哥本哈根皇家剧院当了一名小配角，从事歌手、舞蹈演员等职业。然而进入青春期后，安徒生开始变声，低沉嘶哑的嗓音让他不再适合舞台上的工作，他不得不离开，开始尝试剧本创作及其他文学形式的写作。可他的创作道路并不是一帆风顺的，安徒生写的剧本完全不适合演出，没有为剧院所采用。

1822年，他得到剧院导演约纳斯·科林的资助，开始在斯莱厄尔瑟的一所文法学校读书。这一年，他写了《青年的尝试》一书，以威廉·克里斯蒂安·瓦尔特的笔名发表。这个笔名包括了威廉·莎士比亚、安徒生自己和司各特的名字。1827年，安徒生发表了第一首诗《垂死的小孩》。1829年，他的第一部重要作品《1828年和1829年从霍尔门运河至阿迈厄岛东角步行记》问世，使他在社会上得到了初步的认可。这是一部富有幽默感的游记，颇有德国作家霍夫曼浪漫、轻灵、怪异的风格，作者各种美丽的奇思妙想跃然纸上。以此为起点，安徒生不断地进行着自己的文学创作，将生活体验转换为充满想象力的文字。1833年，安徒生旅行至意大利，创作了诗剧《埃格内特和美人鱼》和以意大利为背景的长篇小说《即兴诗人》。1835年，《即兴诗人》出版，不久之后就被翻译成德文和英文，安徒生这个名字开始走出国门。这部带有自传性质的小说讲述了一个穷苦的孤儿在善良的贵族人士的帮助之下奋斗成才，最终获得幸福的故事。主人公安东尼奥是一名意大利青年，这一角色的创造来源于安徒生在丹麦的经历和对人生的体悟。全篇以意大利瑰丽的自然环境为背景，辞藻精致华丽，展现了19世纪欧洲资本主义兴起时期社会的动荡与变迁，新旧秩序在资本主义生产关系的重组中得以更新和调整，人们获得了改变命运的诸多可能性："空气中好像充满了火焰和硫磺。流动的岩浆上冒着滚滚的蒸汽,被强烈的反光照得通红。这时仍然是黑夜,山体下方响声隆隆,我们头上火花飞舞,火柱高耸。我从没有感觉到距离上帝是这样近,对他的伟大和无所不能,心中充满了敬意。四周的烈火仿佛烧毁了我内心的软弱,我意识到了自己的力量和勇气。我的不灭的灵魂已经张开了翅膀。"[1]该小说自出版以来被陆续译成英、德、俄、法、日、中文等多种语言,与狄更斯的《雾都孤儿》《大卫·科波菲尔》等成长题材小说有异曲同工之妙。童年的经历对安徒生看待问题、进行童话创作产生了许多潜在的影响。生活过的故乡在安徒生的作品里变成了故事的背景,从母亲那里听到的故事和传说转化成了童话的素材,童年经历的一些事情也演变成了故事的情节。因此,安徒生的许多童话都带有自传的色彩,寄托了他的所思所想。

安徒生的童年记忆里充斥着饥饿、贫穷和无尽的孤独,生活的窘迫迫使他尽快成长。深爱着他的父亲过早离开人世,使得这个原本活泼伶俐的男孩被推入成人社会中讨生活,他不得不谨言慎行。本属于孩童的

故居展室

---

[1] 安徒生. 即兴诗人[M]. 刘季星,译. 北京:中国文联出版社,2005:223.

奇思妙想被现实中的贫苦生活束缚，久而久之，孤独感成为安徒生的艰涩童年给他留下的最深刻的印记，这种情感或许令他煎熬难耐，却也奠定了其作品的主要情感基础。他的许多童话中的主人公都是无法开口说话和表达内心的。被投入炉火焚烧，坚定的锡兵仍旧一声不吭。卖火柴的小女孩整晚地祈求，却终究没有人听见。艾丽莎公主为了把野天鹅变回她心爱的哥哥，不得不听从仙女的指令："从你开始这项工作那一刻开始，一直到完成为止，就算历经数年时间，你都不能说一句话。你说出的第一个字就会化作一把锋利的匕首刺进你哥哥们的心脏。他们的生命悬在你的舌头上。"①变成美丽天鹅的"丑小鸭"在整个成长过程中虽然能够说话，却一直无法向人倾吐自己的意图，或者说，他们根本就听不懂他的独白："你们不了解我。"

在《海的女儿》中，安徒生刻画了一位美丽而沉默的小美人鱼形象，她在神秘幽深的海底静静观望，任由思绪飘荡："她是那么的沉默寡言和富于想象力啊……如果有一块类似黑云的东西在它们下面浮过去的话，她便知道这不是一条鲸鱼在她上面游动，而是一条装载着很多旅客的商船在行进着。"②安徒生在童话故事中安顿下了他那灵动活跃的心思，再现了他那些奇幻的梦境，一个个神奇的国度由此诞生，那里有英

故居展室

---

① 安徒生.全球最经典的一百本少儿书：安徒生童话精选[M].翟国欣，译.南京：江苏文艺出版社，2016：43.
② 安徒生.海的女儿[M].陈玲，译.北京：煤炭工业出版社，2016：3.

武的皇帝和美丽的公主，有古老的城堡，也有骄傲的骑士。一方面是难以抗拒的充斥着贫穷和不公的现实生活，另一方面是散发着强大吸引力的美丽新世界，就这样，安徒生把童话世界开辟为展现人自由意志的疆土，其中充斥着荒谬与哭泣，也遍布着无数可能。

在安徒生的一生中，孤独与反抗孤独不断地交织。他不止一次地在传记和通信中表达这种孤独，然而能表达出来的孤独与内心深处的孤独感相比总是有限的。正如米兰·昆德拉所说，人们写作，是因为周围最亲密的人不想听他的倾诉，无奈之下只好求助于陌生的有同样情感的其他人。时代总会需要一些人，需要他们用柔软的内心去感知世界，并用美丽的语言去描述当时的境况。于是，安徒生以其细腻的文字，当之无愧地成为时代所选。学术界认为，安徒生的作品，从早期到后期，呈现出浪漫主义和幻想色彩逐渐减退、现实主义情绪逐渐高涨的变化趋势。安徒生早期的作品充满绮丽的幻想和乐观精神，如《打火匣》《拇指姑娘》等；中期作品颇具现实色彩，如《卖火柴的小女孩》《冰雪皇后》；到后期，作品中展现底层民众悲苦命运和社会黑暗面的较多，如《柳树下的梦》《她是一个废物》。然而总体看来，安徒生终其一生都凭借天马行空的想象编织完整而复杂的童话梦境，童话中有欢笑也有眼泪，有宽厚也有狡黠，有王子、公主过上幸福的生活，也有战士除恶之后变成了恶人的模样。如著名文艺理论家丹纳所说："我们隔了几个世纪只听到艺术家的声音，但在传到我们耳边来的响亮的声音之下，还能辨别出群众的复杂而无穷无尽的歌声，在艺术家四周齐声合唱。只因为有了这一片和声，艺术家才成其为伟大。"[①] 安徒生的童话不只是儿童读物，每个年龄段的读者读来都有不同的感受，都会产生不同的心理共鸣。

[①] 丹纳.艺术哲学[M].傅雷,译.北京：生活·读书·新知三联书店，2016：3.

美丽的"丑小鸭"

由于过早地体验了生活的艰辛，安徒生非常珍惜来之不易的学习机会。1828年，23岁的安徒生升入哥本哈根大学，在校期间成绩优异，且一直坚持诗歌和剧本的写作。1840年，安徒生创作了《混血儿》和《摩尔女人》，两部作品都受到批评家和上流社会的猛烈攻击。这些人认为让一个鞋匠的儿子爬进上流社会是不合适的，这样会打乱长久以来的等级秩序，于是拼命打压安徒生。在这段苦闷、难熬的日子里，童话这个浪漫的文体深深地吸引了安徒生，他用童话寄托绵密的伤感，继续编织着自己向往的美好生活梦境。

1843年，《丑小鸭》问世。这篇童话讲述了一只相貌丑陋的小鸭子在鸭群中遭受同类鄙弃，历经千辛万苦和重重磨难之后，终于发现自己原来是白天鹅的故事。故事说明：只要心存美好愿望，不被周围的恶意攻击打败，即使身处逆境也可以有转机。在生命和尊严之间，丑小鸭选择了尊严，于是脱离嘲笑它的鸭群，独自走向寒冷的冰天雪地。这篇带有自传性质的童话可以看作是安徒生对上层社会的回击，即哪怕他的父亲是一位底层的手艺人，哪怕周围满是质疑的声音，他也可以依靠自己的不断努力而获得更好的生活。依靠自己的真才实学和赤诚内心而非金钱和出身去获得名利，他对此感到自豪。借丑小鸭逃离时遭遇许多艰难险阻的情节，安徒生也想说明，人们在努力成就自我的过程中难免会遭遇挫折和痛苦，如若不可避免，那么只能坚强地面对。

挪威当代作家乔斯坦·贾德在《苏菲的世界》一书中说过，安徒生的作品是"对浪漫主义者的理想主义的反动"[①]。安徒生自己也说："我用我的一切感情和思想来写童话，但是同时我也没有忘记成年人。当我

---

① 贾德. 苏菲的世界[M]. 萧宝森，译. 北京：作家出版社，1996：422.

为孩子写一篇故事的时候,我永远记住他们的父母也会在旁边听。因此我得给他们写点东西,让他们想想。"①在《卖火柴的小女孩》《丑小鸭》《看门人的儿子》等作品中,安徒生既用一贯浪漫的笔调营造着神奇的氛围,又真实地描绘了穷人的悲惨生活。出身贫寒的安徒生对社会上贫富不均、弱肉强食的现象感受极深,因此他一方面以真挚的笔触热烈歌颂劳动人民,同情不幸的穷人,赞美他们的善良、纯洁,另一方面又愤怒地抨击残暴、贪婪、愚蠢的统治阶级与剥削者,不遗余力地批判丑恶的社会现实。在资本迅速积累的19世纪的欧洲,底层劳动人民在现实生活中承受着统治阶级的残酷压迫,劳动者努力劳动却难以果腹,统治阶级像吸血鬼一样贪婪地吸取着别人的劳动成果。在《皇帝的新装》中,安徒生辛辣地讽刺了皇帝的昏庸无能和朝臣们阿谀逢迎的丑态;在《夜莺》《豌豆上的公主》中则嘲笑了贵族的无知和脆弱;在他的最后一部作品《园丁和主人》中,园丁拉森忠诚而具有天赋,一生都在照顾主人的园子,无怨无悔,相比之下主人却对园丁的天才园艺技术视而不见,不停地抱

故居卧室

---

① 安徒生. 安徒生童话[M]. 叶君健,译. 武汉:湖北教育出版社,2011:1.

安徒生著作

怨,也反映出安徒生对剥削者的反感。

安徒生的童话中既充斥着作者孩童般的细腻情愫,又因为表现出作者对底层劳动人民艰苦生存环境的同情,而存有值得深度解读的空间。借助于精妙灵巧的语言所编织起来的故事情节,让读者可以在其中寄托自身被劳苦奔波的现实生活冲击的心灵,拂去心上的尘土,获得片刻的安歇与宁静。安徒生的作品既不以傲慢的姿态去言说世俗生活中的人情世故,也不以欺瞒的姿态试图构建一个与现实生活格格不入的所谓美丽梦境来麻痹人们的神经,而是以真诚的姿态观照着人们的心灵,呼唤着一种"我知你困境,我抚你心情"的共鸣。安徒生的童话不仅仅是单纯的儿童读物,更成为成年人得以坚守在纷纭复杂的现实世界浪潮中的强大精神支柱。

城市的诱惑与悲哀

安徒生在他的长篇自传《我的童话人生》中,回忆起 1819 年离开奥登塞的时候:"我的母亲坚决要我学缝纫,我就求她,缠着她同意我去哥本哈根。它是当时我心目中世界上最大的城市,我要去那里寻找我的幸福。"[①]一直到他30多岁步入文坛并进行大规模创作时,城市对他依然具有巨大的诱惑力。

正如罗伯特·帕克所说,大城市犹如一个巨大的择选和筛选机制,它必然在全部居民之中挑选最适合在某一特定区域和特定范围里生活的个人。如果说乡村资源的贫乏和相对稳定的社会秩序使得大家都维持在一种差不多的贫穷状态,那么城市则提供了不同于乡村的更多的发展可能性。作为城市的拥护者,安徒生对沉溺于乡间安逸生活的怀旧情愫予以嘲讽和抨击。活在当下却怀恋过去,身处便利的城市却怀念衰败的乡村,这对一心想要前往哥本哈根寻找新生活的安徒生来说是十分难以理解的。1838年,安徒生出版了名为《三个富有诗意的故事》的童话故事集,其中一篇名为《幸运的套鞋》,它以大城市哥本哈根为切入点,讽刺了那些沉迷过去、迷恋乡野的不切实际的思想态度。胖司法官因为错穿了幸运女神带来的幸运鞋套,回到了他梦寐以求的汉斯王朝,却发现那自己本以为幸福美满的过往不过是尘土飞扬的混乱年代。故事中街道灯光的昏暗与明亮分别象征着过往时代与当下的生活境况,在两个时空的交替中,故事为读者带来新的体验,也颂扬了技术进步的价值。

安徒生用一贯温润柔和的语气讲述着城市发展所带来的变化。1847年,安徒生发表了童话《老路灯》,讲述了哥本哈根的旧式路灯在被新式的燃煤气路灯代替的过程中,老路灯眼中的城市种种及老路灯自身的感受。作为城市生活的见证者,在被取下来放置于仓库的时候,老路灯梦见自己被融化成最漂亮的烛台,照亮了诗人的书桌,让他可以写下最美的篇章;梦醒之后,它发现守夜人夫妇像爱孩子一样爱护着它,便欣然接受与他们厮守终身的命运。通过老路灯灯光的明灭,城市生活的两面性被清晰地呈现出来。

[①] 安徒生. 安徒生文集[M]. 林桦,译. 北京:人民文学出版社,2005:31.

安徒生也肯定了城市发展给个人所带来的发展机遇。城市意味着先进、文明，这里为个人的发展提供了广阔的舞台。在安徒生的笔下，工业迅速发展所带来的日新月异的技术革新，借助于童话独特的叙述方式，更增添了一抹神奇的色彩。在1868年的《树精的故事》中，安徒生这样描写大城市的街景："她从那些高房子下边的人群中，向树下可怕的人潮眺望：急驶的马车，单马拉着的篷车、轿车、公共马车、出租马车，骑马的绅士和前进的军队合起来形成一股浪潮。要想走到对面的人行道上简直是等于冒生命的危险。一会儿灯光变蓝，一会儿煤气灯发出强烈的闪亮，一会儿火箭向高空射去：它是从什么地方来的，射到什么地方去了呢？"①宁静的气息被飞驰而过的交通工具打破，新技术运用到日常生活的方方面面，城市一下子聚集起了巨大的人流物流，带给人新奇的体验。

在安徒生看来，城市本身无罪，城市中的人也本性善良，值得警惕的是城市化所带来的资源分配不均、环境污染等衍生问题，这些自发的思考与警惕显示了他深厚的人文关怀。安徒生笔下的城市涌动着黑压压的可怕人潮，仿佛神话和传奇中鬼怪出现时的场景，鲜明地表现了城市的魔力——充满危险，充满诱惑，这也应和着资本主义现代性神话本身自相矛盾的两个方面：一方面，现代性强调进步、变化、多样，许多过去没有的事物突然闯进人们的生活，如树精眼中的城市街道和《大海蟒》中引起鱼儿惊恐和议论的巨大海底电缆。另一方面，现代性又含有短暂性之意，这种瞬时感造成了现代性变动不居的特点。也就是说，虽然城市所代表的资本主义神话瑰丽奢靡，但并非永远神圣不衰。神话的倒塌肇始于鲜明的贫富差距，富人在温暖的房间里享受着丰富的食物和天伦之乐，穷苦的劳动人民冻死在寒冷的街头。

1845年10月，安徒生访问意大利。在圣诞节即将到来的时候，安

---

① 安徒生. 安徒生童话全集（英汉对照）[M]. 格拉吉，叶君健，译. 北京：清华大学出版社，1999：1134.

徒生在格洛斯顿城看到马路旁挂着"欢迎安徒生先生到来"的条幅,书店里摆满了他创作的童话。他的马车在格洛斯顿的街道上缓缓前进,然而就在热闹的街道尽头,他看到一个中年妇女背着瘦弱的婴儿,手臂上挂着一个篮子,有气无力地乞讨着。不远处,一个5岁左右的小女孩,正在卖火柴,她的手都冻僵了。可是,路过的人很少,金发小女孩的火柴一根也没有卖掉。安徒生回去以后便写下了著名的《卖火柴的小女孩》。无独有偶,1847年,安徒生在伦敦旅游时,街头随处可见的贫穷者给他留下了深刻的印象。由于政府不允许发声乞讨,所以乞讨者只能在胸前挂一块牌子,上面写着诸如"发发慈悲救救挨饿的我"之类的话。他还看到一个大人带着五个小女孩连乞讨的立足之地都没有,只能站在排水沟里,每人举一捆火柴来兜售。在《卖火柴的小女孩》等作品中,游走在城市中的穷苦儿童并没有分享到城市发展所带来的物质财富,他们并不像普通意义上的"儿童"那样,代表了城市的活力和未来。这些衣衫褴褛的孩子更像是城市的伤口,将经济发展不平衡的阴暗面以及不平等的生活状态呈现在世人面前。一堵墙将屋内的温馨与屋外的严寒隔绝开来,庆祝圣诞节的人们无法理解小女孩因为卖不出去火柴而不敢回家

故居展室

故居展室

的悲哀。在《卖火柴的小女孩》中,小女孩在划亮的火柴散发的光亮里再也看不到关于更美好生活的憧憬,她看到的只有过去以及宗教中许诺的来世。

在城市财富的争夺中,人与人之间正常的情感沟通受到阻碍,一种难以弥合的疏离感便油然而生。安徒生在童话《一滴水》中,用寥寥数字辛辣地嘲笑了争权夺势之人的可笑嘴脸。魔术师克里布勒·克拉布勒拿着放大镜查看一滴取自阴沟的水,惊奇地发现无数的小生物在里面互相撕扯吞食,场面极其血腥,又似曾相识。旁观的魔术师忍不住喊道:"这真像一个城市,那里面的人都在跑来跑去,没有穿衣服!多么可怕啊!不过更可怕的是看到这个人怎样打着和推着那个人,他们互相咬着、掐着、拉着和捶着。在下面的要爬上来,在上面的被拉到下面去。"[1]直白的话语揭示了城市之中人们你争我斗的血淋淋的事实。文章的最后,魔术师得出结论,这是一滴污水,也是大城市的缩影。财富分配不均带来

---

[1] 安徒生. 安徒生童话全集[M]. 叶君健,译. 天津:天津人民出版社,2014: 313.

倾轧与争夺，底层群众难逃被压迫和压榨的命运，城市便由舞台变成了隔离区。在工业化和城市化不断发展的年代，如何重新考量安徒生城市童话中提出的人与人之间的各种关系，而不仅仅是将其当作孩童的睡前读物，成为留给后人的一个复杂问题。

世界儿童文学的太阳

著名文学家林语堂先生曾经说过："如果我自己可以自选做世界上作家之一的话，我颇愿做个安徒生。能够写美人鱼的故事，想着那美人鱼的思想，渴望着到了长大的时候到水面上来，那真是人类所感到的最深沉最美妙的快乐了。"[①] 奥登塞这座颇具北欧神话色彩的城市滋养了安徒生细腻的内心，使他得以一边感受浓厚的宗教与人文气息，一边用温润的笔触继续书写新的故事。北欧神话与希腊、埃及、印度及中国神话的风格截然不同，在北欧神话体系中，神不是万能的，世界也不是永恒的。众神之神奥丁以牺牲一只眼睛为代价，穿越迷雾森林，见到崇高的"世界树"的守护者智者弥米尔，从而得到了大智慧，由此可见北欧神话本身所具有的悲壮品格。不同于许多童话故事中"王子和公主过上了幸福的生活"的美满结局，安徒生的许多作品都带有沉郁的气质与悲悯的情怀。

安徒生最吸引人的地方就在于，他可以把悲剧写出美感和希望，甚至让读者在美丽的梦境中捕捉不到忧郁，这种情绪只可意会不可言传。安徒生作品中的忧郁伤感更多的是他本人对于人生艰难、生活不易的真诚体悟，读者在其中感受着共通的情感，一种被理解的感觉便油然而生。他的伤感并不是单纯地在文字中抒发负面情绪，告诉人们认清现实，向命运低头，主动降低对未来生活的期望值，而更像是告诉大家：我能理解和体会你的痛苦，我也深刻感受着生之艰难，但如果我们可以彼此温

[①] 林语堂. 生活的艺术 林语堂文集[M]. 北京：群言出版社，2013：70.

暖，就有可能走入一个更加美好和温馨的世界。因而有评论者认为，安徒生不仅是童话创作的元勋，其在世界文学史上的地位虽不敢夸说可以胜过荷马、莎士比亚，但是其童话作品的传播范围要远远超过他们。①

安徒生以杰出的文学功力、用幽默诙谐的语言将神话传说、道德教化与自己非凡的想象力结合起来，创作出的童话故事对儿童和成年人具有同样重要的意义。他在作品中试图说明，人的出身并不能决定人一生的成败，长久以来的社会等级秩序并非牢不可破，通过不断努力不仅可以让自己获得世人的认可，更有可能改变已有的评价体系，这就开启了人实现自身价值的无限可能。通过这些作品，安徒生获得了他梦寐以求的社会荣誉，他多次受到国王的接待，并被授予涅波戈龙骑士勋章，后又被瑞典与挪威国王授予北极星勋章，被墨西哥皇帝授予圣母玛利亚及爪德洛普勋章，被普鲁士国王授予三级红鹰勋章。

1875年8月4日上午11时，安徒生病逝于朋友的乡间别墅，享年70岁。这位童话大师一生坚持不懈地进行创作，把他的心血和生命奉献给未来一代。他一共写了168篇童话和故事，作品被译成80多种语言，畅销世界各地。为纪念安徒生在童话领域的杰出贡献，丹麦女王玛格丽特二世以安徒生的名字命名，设立了"国际安徒生奖"，授予优秀的儿童图书作家和插图画家，以此感谢并奖励他们创作出了好的作品。

安徒生的童话可谓奥地利著名作家茨威格口中的那种"一生可以读两次的童话"，一次在孩童时代，读者可以用天真无邪的眼睛打量这个充满生机与新意的世界，对五彩缤纷的童话信以为真；一次在很多年以后，当我们经历了成长，体味过炎凉世态，会发现安徒生的童话世界不许诺幸福生活的设定是多么宝贵和真实。通过阅读安徒生的童话，人们可以领悟到，哪怕遭遇坎坷，哪怕美好的未来尚很模糊，但只要内心存有对童话世界的热爱，用孩童般单纯的眼睛凝望这个世界，便可以发现

---

① 参见顾均正. 安徒生传[M]. 上海：开明书店，1928：1.

最美的世界在自己的心中。借助于童话故事，安徒生一边真挚地诉说着自己的寂寞，一边又以真诚的内心体验并观照现实，心系劳苦大众，因而受到全世界的尊敬与爱戴。

安徒生在世界文学童话创作中具有开创和奠基意义。在他之前，童话故事更多地是以民间文学的形式被人们口耳相传。格林兄弟和贝洛尔等人的作品，往往是民间故事的记载和转述。虽然安徒生的早期创作中也广泛运用了民间传说的题材，但诚如苏联评论家斯科林诺所说："打上了这样强烈的、包含了自己个性和创造的烙印，结果产生了奇迹：旧的童话消失了，出现了新的——安徒生的童话。"① 所以说童话的"创作"从安徒生开始是不为过的。选用民间题材作为素材的童话在安徒生的作品中占少数，他的绝大多数作品取材于现实生活，呈现出自由和民主色彩，带有鲜明的现实主义倾向，反映了作家深刻的人道主义精神。无论何时，人们都需要童话的浪漫来抵抗生活的艰辛，同时也需要关注现实来让自己更好地认识世界，因此，安徒生的带有现实主义特色的浪漫童

安徒生受洗教堂

---

① 浦漫汀. 浦漫汀儿童文学论稿[M]. 石家庄：河北少年儿童出版社，2002：619.

话永远不会过时。安徒生的作品中永远闪耀着人性的光辉，照耀着后人一路前行。

（撰稿：王姮）

参考文献

安徒生. 没有画的画册 [M]. 叶君健，译. 兰州：甘肃人民出版社，1986.

安徒生. 安徒生童话全集（英汉对照）[M]. 格拉吉，叶君健，译. 北京：清华大学出版社，1999.

安徒生. 安徒生文集 [M]. 林桦，译. 北京：人民文学出版社，2005.

安徒生. 即兴诗人 [M]. 刘季星，译. 北京：中国文联出版社，2005.

安徒生. 安徒生童话全集 [M]. 叶君健，译. 天津：天津人民出版社，2014.

安徒生. 海的女儿 [M]. 陈玲，译. 北京：煤炭工业出版社，2016.

安徒生. 全球最经典的一百本少儿书：安徒生童话精选 [M]. 翟国欣，译. 南京：江苏文艺出版社，2016.

丹纳. 艺术哲学 [M]. 傅雷，译. 北京：生活·读书·新知三联书店，2016.

洪海东. 世界五大洲奇观 [M]. 北京：中国国际广播出版社，1999.

贾德. 苏菲的世界 [M]. 萧宝森，译. 北京：作家出版社，1996.

林语堂. 生活的艺术 林语堂文集 [M]. 北京：群言出版社，2013.

果戈里

　　尼基塔街位于俄罗斯的首都莫斯科,这里既坐落着亚历山大·托尔斯泰伯爵的宅邸,也因为另一位曾居于此的才华横溢的剧作家而闻名于世。1848年到1852年,被誉为"俄国散文之父"的果戈里(又译为果戈理),正是在托尔斯泰的这处二层豪宅里,在孤独与疾病的折磨中度过了他最后的四年时光。昔人已逝,如今,这里被设为果戈里博物馆。慕名前来的游客仍然能从这里的一砖一瓦、一草一木中感受到果戈里的生活痕迹。果戈里博物馆是一方静谧的小院。绿树掩映、花朵环绕的院子中,伫立着不朽的果戈里雕塑。这座雕塑是安德烈耶夫在1909年为纪念果戈里百年诞辰而创造的。雕塑完美地还原了果戈里晚年时的精神状态——他陷入无法自拔的精神危机之中,几乎将全部身体都掩盖在斗篷之下,头部向一边倾斜,肩膀随之低垂,神色忧郁。这与博物馆里挂着的他年轻时的画像上的模样大为不同。年轻的果戈里,有微卷的亚麻色短发、标志性的鹰钩鼻和带有几分滑稽的八字胡。浓黑的眉毛下,棕色的双眸炯炯有神,眉梢挂着丝丝缕缕的忧伤,透露出他冰与火交织般的个性。果戈里的挚友、伟大的

果戈里故居（俄罗斯莫斯科）

俄国诗人普希金形容他是"愉快的忧郁者"，大概是对其最好的概括。

果戈里雕像后面不远处，坐落着一幢二层小别墅。二楼是图书室和音乐厅，一楼左侧的三个房间就是果戈里晚年生活的地方。客厅的一侧，陈列的是这个孤独旅人的全部家当——一件风衣和一个半开的皮箱。另一侧有一个壁炉，果戈里就是在这个壁炉中烧掉了《死魂灵》的第二卷。当客厅处于幽暗的状态时，房间里仿佛便会回荡起风吹落叶的声音和嗒嗒的马蹄声，墙壁上开始显现出晃动的黑白影像，延展的画面，让人仿佛穿越回那段旧时光，感受果戈里当年坐在马车里时看到的景象。

一幅幅画像，记录着果戈里的人生旅程，从果戈里的出生地索罗庆采到最终的归宿莫斯科别墅，重现了果戈里传奇复杂的人生；一座座雕像，展现了从《鼻子》到《外套》中的一个个精彩的文学形象，凝结着果戈里敏锐捕捉现实后呕心沥血写下的成果。才华横溢却疾病缠身的果戈里，采用讽刺批判的喜剧笔调，将腐朽落后的社会面貌揭露得淋漓尽致，呈现出"含泪的笑"的精神特质，他因此被誉为"俄国封建社会中的镜子"和"俄国散文之父"。那些他所创作的经典，至今依然闪烁着不可磨灭的光辉。

"莫斯科是阴性的，彼得堡是阳性的。未婚妻都在莫斯科，而未婚夫都在彼得堡……莫斯科是个很少出门的老姑娘，她烙煎饼，坐在椅子上，远远地瞧着，听人讲外面发生的事情。"（《1836年彼得堡记事》）这是莫斯科在果戈里眼中的印象。也许正是因为这份独特的眷恋，罹病多年的果戈里，兜兜转转，在晚年还是回到这个地方，然后用颤抖的手，将曾经呕心沥血写就的书稿投入壁炉之中。果戈里当时的心情是怎样的，我们无从知晓。只有抢救下来的部分存稿和曾经发表的杰作，在静静地诉说着一个复杂的时代、一段颠沛的人生历程。

田园启蒙

尼古拉·瓦西里耶维奇·果戈里·亚诺夫斯基1809年4月1日出生在索罗庆采镇（今属乌克兰波尔塔瓦省密尔格拉德县）的一个地主家庭里。当时的索罗庆采镇被称为小俄罗斯，"在这里，人们还信东正教，停留着多神教仪典的残余。一切东西都掺混在一起：既信仰基督，也有表演淫秽场面的古老宗教傀儡戏巡回演出；既恪守斋戒，也有集市上无拘无束的寻欢作乐，有丰美的食物、鲜艳的服装，还有夏日骄阳下令人热血沸腾的场面。"[1]

这种奇妙的杂糅性，在潜意识中影响了果戈里的一生。这种杂糅性，最早反映在果戈里姓名的内涵上。"果戈里"一词本是对鸟、公鸭或花花公子的戏称，而"亚诺夫斯基"则带着一种波兰情调，"尼古拉"则与果戈里的父母进行祈祷的狄康卡教堂里陈设的尼古拉圣像有关。果戈里出生之前，他的父母曾经接连失去了两个孩子。后来二人向尼古拉圣像祈祷，终于产下了一个健康的孩子，因此二人格外珍视这个孩子。

---

[1] 毛晴. 果戈里小传[M]. 广州：广东旅游出版社，1997：1.

果戈里出生六周后，父母将他从索罗庆采带到了乌克兰中部的瓦西里耶夫卡——曾经的普钦斯基田庄。在那片田庄之中，八根仿木结构的精致圆柱成为带小阁楼的白色平房的标志性支撑，至今依然可以一睹其风采。在这座白色平房里，果戈里度过了长达九年的浪漫田园时光。

　　后来，父母生下次子伊凡，但伊凡秉性与果戈里不同，含蓄内向的果戈里只好独自消磨时光。他经常在田野间闲逛，因此练就了超强的专注力和敏锐的洞察力。他专注地研究民居、教堂、集市以及街上各式各样的大车、士兵和商人，并总能发现一些奇妙的东西。果戈里在《死魂灵》第一卷中对此进行过回忆："……在很早的时候，我的少年时代，在我那飞逝而过的童年时代……任何一件哪怕仅带有一点引人注目的特点的东西，都会让我止步停留，为之惊讶不已……所有这一切都被收入我那稚嫩而敏感的目光……我都会看得津津有味……都会引我入神、遐想联翩，去探究起他们颠沛困苦的生活来。"①

　　果戈里从童年时期练就的敏锐眼光，也被其友人别林斯基予以佐证："作为一个小俄罗斯，作家从童年时代就对小俄罗斯人的生活十分熟悉，但他的诗篇的民族性并不仅仅属于小俄罗斯族。"②果戈里透过夏夜的星辰虫鸣、祖母讲的神秘故事，看到了民间传说的魅力，逐渐萌生了对乌克兰民谣、传说和民间戏剧的热爱，并为其后来的创作积累了良好的素材。

　　1831年到1832年间，果戈里以庞科·勒·鲁什为笔名，出版了小说集《狄康卡近乡夜话》，从此步入文坛。"作品笔调幽默、清新，结合了优美的传说、神奇的幻想和现实的素描，描绘了乌克兰大自然的诗情画意，讴歌了普通人民勇敢、善良和热爱自由的性格，同时鞭挞了生活中的丑恶、自私和卑鄙。"③这部作品后来被其挚友普希金誉为"极不平

---

① 果戈理. 死魂灵[M]. 满涛, 许庆道, 译. 北京: 人民文学出版社, 1983: 138.
② 王新颖. 果戈理画传[M]. 上海: 华东师范大学出版社, 2004: 4-5.
③ 许京. 俄罗斯讽刺文学的灵魂——纪念果戈里诞辰二百周年[J]. 文艺评论, 2009.

凡的现象"①，它奠定了果戈里在文坛上的地位。著名文学评论家别林斯基也对果戈里不吝赞美："多好的思想，多么令人愉快，多美的诗歌，多么深厚的人民感情。"②《狄康卡近乡夜话》中的八篇小说，源于乌克兰的民间传说，小说里的世界色彩缤纷，充满着戏剧性。细读起来，让读者似乎回到了童年时的夏夜。

1833年11月9日，果戈里在致马克西莫维奇的信中写道："歌声，这是我的快乐，我的生命！我是多么热爱你们！没有歌声我无法生活。"③而他对"歌声"的热爱，早在童年就埋下了种子。果戈里对"歌声"的热爱，可以追溯到他的父母对戏剧的爱好。他的父亲瓦西里原本在驿站任职，后来辞职回乡，开始经营农庄。父亲喜爱戏剧，并且颇具戏剧才华，闲暇时曾写过几部喜剧，当这些剧作在当地上演时，他还亲自登台扮演过角色。果戈里的母亲很有表演才能，"擅长鲜明地展示那种与

故居大门

---

① 毛晴. 果戈里小传[M]. 广州：广东旅游出版社，1997：50.
② 王新颖. 果戈理画传[M]. 上海：华东师范大学出版社，2004：23.
③ 王新颖. 果戈理画传[M]. 上海：华东师范大学出版社，2004：5.

故居楼梯

众不同的气质和性格"①。受到艺术熏陶的果戈里,从幼年起就拥有了滑稽地模仿他人动作的才能,这为后来他在涅仁学校的戏剧表演奠定了基础。"无论瓦西里耶夫卡出现了一位什么样的新人物,他的习惯、姿态和面部表情都会得到再现和重演。果戈里擅长捕捉人的性格,抓住他的两三个特点,并借助这些用敏锐的目力选中的特点来塑造形象。时而扮演神父,时而扮演家里的亲戚,真是惟妙惟肖。"②

果戈里曾经模仿过家里的一位亲戚——特罗钦斯基。他在特罗钦斯基家做客的时候,经常会看到各种演出、假面舞剧、猜谜活动。这些各式各样的文化活动丰富了果戈里的生活,也为果戈里打开了最初的戏剧启蒙大门。但也正是在这里,他见识到了特罗钦斯基傲慢的为人和上流社会的虚伪、残酷。这一切,在他后来的《钦差大臣》《死魂灵》等作

---

① 毛晴. 果戈里小传[M]. 广州:广东旅游出版社,1997:7.
② 毛晴. 果戈里小传[M]. 广州:广东旅游出版社,1997:15.

品中都有所反映。

俄国著名剧作家卡普尼斯特与果戈里家素来交好。1818年,卡普尼斯特到果戈里的家里拜访时,看到年幼的果戈里竟然能作一些小诗,不禁惊讶不已,不过他也看出由于缺乏专业的训练,这些诗显得平淡无奇。他摸着果戈里的头,对其父母说道:"他会有出息的,他需要一位好老师。"① 很快,10岁的果戈里和8岁的弟弟伊凡一同进入了波尔塔瓦小学。

波尔塔瓦小学并没有带给果戈里很好的教育。他和所有的学生一样,被强制要求背诵《圣经》。经书里冗长的教义问答被果戈里戏称为"莫名其妙的东西"。地理、通史、数学和文法这些重要的学科,在当时远不如《圣经》重要。波尔塔瓦小学的教学设施和师资都很落后,在果戈里给母亲的信中,他提到教室里灯光昏暗、寒气逼人、窗户很脏,老师讲课无精打采,目光冰冷。② 这些都让果戈里感到厌恶,并且他与老师、同学都相处不来。在教师对果戈里的评价中,赫然写着"迟钝""顽皮""孱弱""中等水平"等字眼,而对弟弟伊凡的评价则是"迟钝""好静""孱弱""中等水平"。第二年,伊凡不幸夭折。痛失幼子的父亲更害怕再失去果戈里,在本地找了一位私人老师——索罗钦斯基,将果戈里送到老师家寄宿。在寄宿于老师家学习的一年多时间里,果戈里空闲时经常在城里四处溜达,他目睹了赌徒、商人等形形色色的人物,看到了上层社会的虚伪和下层社会的艰辛,这为他以后的创作积累了大量的现实素材。1820年秋,果戈里升入了涅仁中学。自此,凭借其喜剧天赋和多年积累的现实素材,果戈里开始在文坛崭露头角。

---

① 毛晴. 果戈里小传[M]. 广州:广东旅游出版社,1997:16.
② 参见毛晴. 果戈里小传[M]. 广州:广东旅游出版社,1997:17.

文坛新秀

涅仁中学是按照贝兹博拉亲王的意愿创立的，所授学科丰富，包括神学、俄罗斯语言和文学、拉丁文、希腊文、德语、法语、地理、历史、物理、数学、政治学、军事学、舞蹈、绘画等课程，有着"博物馆"之称。丰富多彩的课程，虽然更能促进学生的全面发展，却加重了果戈里的学业负担和心理压力。涅仁中学的学制长达九年，繁重又杂乱的课业让学生不堪重负。涅仁中学师资多样化，既有最保守的学究式人物，也有倾向于谨慎的自由主义的人物，两类派别的差异让学生时刻处在矛盾之中。学校一度盛行体罚，而果戈里就是常常被"关注"的对象。12岁的果戈里时常需要忍受老师的惩罚和同学的嘲笑，这使得这个本该快乐成长的青少年常常以泪洗面且屡次患病。为了防止被欺负，他表面上装作高傲沉默，因此被老师视为"死木头"。因为身材瘦小，他被同学嘲笑为"神秘的侏儒"。直到1824年学校成立剧团，果戈里的才华才终于有了用武之地。他因此不再厌恶涅仁中学，而且对文学产生了浓厚的兴趣。

1825年父亲的逝世是果戈里一生中的重要转折点之一。丧父之痛并没有击垮他，他看着绝望的母亲，学会了坚强，并突然意识到，自己长大了。"至今还昏昏欲睡的意志力，还处在童年时那种无忧无虑的朦胧状态中的意志力，突然苏醒过来。这表现在他那善于保持严谨和条理的能力上，表现在他自觉而有意识地控制紊乱感情的能力上。他已经不是一个孩子，而是一个在探索自己未来的青年，是一个已经准备去挑选前程的人。"①

从此，果戈里随身携带的不止是图画，还有一本文集，那是他原本打算送给父亲的礼物。尽管内向腼腆，但果戈里开始鼓起勇气与爱好文

---

① 佐洛图斯基. 果戈理传[M]. 刘伦振，等译. 天津：天津人民出版社，1982：83-84.

学的学生们一起阅读，并进行文艺创作的尝试，他先后涉足了作诗、画画和表演，并经历了从失败到成功的过程。一开始，他的诗词发表在校内刊物，却被嘲讽为"冗长的散文"；之后他为学校作文选设计封面画，却反响平平。然而，这些打击都没有使他放弃，最终他当上了校园喜剧演员，变得光芒四射。从一个不受待见的沉思"侏儒"到一位才华横溢的喜剧之星，果戈里迸发的热情，终于在那个春天开出了璀璨的花朵。在戏剧中，果戈里乐得忘乎所以，戏剧的写作驱散了他的痛苦，"跟随便什么人开开心——这就是他的初衷"[1]。而花开的背后，饱含了他无数个日夜的心血浇灌。

1825年，对沙皇俄国来说同样意义非凡。这一年，圣彼得堡爆发了第一次宣扬民主自由思想、反对沙皇专制、反对农奴制的武装起义——"十二月党人事件"。起义失败后，沙俄开始了针对"民主自由思想"的清算运动，次年，涅仁中学校长奥尔莱离开，学校里发生了一系列的自

故居展室

---

[1] 佐洛图斯基. 果戈理传[M]. 刘伦振，等译. 天津：天津人民出版社，1982：89.

由思想案件，果戈里也被卷入了"案件"风暴。虽然果戈里相较于同龄人心智更为成熟，但这一切对涉世未深的他仍是极大的心理冲击。在这种情形下，果戈里也并未停止创作，开始构思创作田园诗《汉斯·古谢加顿》。诗中的主人公是个追求朦胧理想的青年，他和果戈里本人一样，在见证了上流社会的虚伪做作、政治风暴的血腥残酷后，于黑暗中寻找着自己的使命。"这种意识产生了自尊心和专注于一种思想、一种事业的毅力，使他能从卑微的默默无闻的状态中挣脱出来。"①

果戈里曾在《作家的自白》中这样写道："在那时候，当我开始思考我的未来（我很早就开始思考未来，那时我的同龄人还只想着玩）时，我从没想过当个作家，虽然给人的感觉好像是：我要做个名人，我有广阔的活动空间，我要为大众的幸福做些什么。"②其实，这些早在果戈里的童年时代就可以看出些微端倪。那时的他就已经有了"一种善于怜悯、善于理解芸芸众生的痛苦、善于同情别人的品质，他很容易被他人的情绪感染，虽然他自尊心很强，看到人们的衰老、贫穷和孱弱，恻隐之心便会油然而生。但是，怜悯心照例会占上风。他心里就像有什么东西在融化，于是他急切地响应亲人们的召唤"③。这种对芸芸众生的怜悯、为大众幸福做些什么的愿望，影响了果戈里的一生，融入他的每一部作品中。

青年时代的果戈里便已开始将这种感情诉诸笔墨与表演之中。1827年2月，果戈里在给母亲的信中写道："您知道，我是多么地热爱欢乐，只有您能透过我冷漠、忧郁的外表，看到我内心有着强烈的娱乐要求（当然不会过分）。"④其实，"热爱欢乐"与"冷漠忧郁"本就是相反的，果戈里在矛盾情感中迸发的惊人想象力和敏锐洞察力固然不容忽视，但这也是躁郁症的先兆。"他模仿他人的怪癖惟妙惟肖，用戏剧性的外号嘲

---

① 佐洛图斯基. 果戈理传[M]. 刘伦振，等译. 天津：天津人民出版社，1982：101.
② 王新颖. 果戈理画传[M]. 上海：华东师范大学出版社，2004：11.
③ 毛晴. 果戈里小传[M]. 广州：广东旅游出版社，1997：15.
④ 王新颖. 果戈理画传[M]. 上海：华东师范大学出版社，2004：10.

弄别人一针见血。在他身上始终存在两种完全相反的心境：严重的忧郁情绪和突然的开怀大笑。"[1]对于果戈里的喜剧天赋，他的同学帕尚科曾这样说道："当时我们大家认为果戈理将成为一个出色的演员，是因为他有演戏的天赋：模仿性强，化装艺术高超，改声变调惟妙惟肖，善于进入所演人物的角色……"[2]这种喜剧天赋为果戈里在之后的戏剧创作上大展宏图奠定了基础。

1827年6月26日，沙俄针对"民主自由思想"的清算运动仍未结束，果戈里再次被卷入审查运动，他身心俱疲、惶惶愤懑，渴望去圣彼得堡工作，因此致信在圣彼得堡供职的友人维索特斯基："我真不知能否再忍受一年的煎熬，我有一种可怕的感觉，好像同那些命运暗淡的下层人一起被掷于黑暗之中，被埋葬。你认识涅仁的那些人，他们只满足于生存，他们被人间的面包屑和最基本的满足扼杀了人类崇高的目标，我被迫混在他们之中，我被某些教师视作他们中的一员……有时，又感到好像有人在遥远的地方（圣彼得堡）等待着我……特别是我成了你们阶层中的一员，我设想，你和同伴们在不断呼叫我的名字……"[3]

1828年6月，19岁的果戈里结束了在涅仁中学的学习，他归家看望母亲后，于圣诞节前义无反顾地一路北上，顶着茫茫风雪到达了他憧憬已久的圣彼得堡，这个曾经爆发"十二月党人事件"的地方。隆冬时节，果戈里定居在大梅契尚斯卡伊亚街（当年的圣彼得堡普列汉诺夫大街39号）。这里后来被命名为果戈里大街，为后人所铭记。

每到一个陌生的地方，果戈里总会经历一段迷茫的时光，这次也不例外。他在1829年写给母亲的信中说道："圣彼得堡与我想象的完全不同，我原认为这是一个优美漂亮、令人向往的城市，实际上大家说的都是骗人的鬼话……沉闷的空气笼罩着城市，市民中毫无新鲜思想气息；

---

[1] 王新颖. 果戈理画传[M]. 上海：华东师范大学出版社，2004：10.
[2] 王新颖. 果戈理画传[M]. 上海：华东师范大学出版社，2004：11.
[3] 王新颖. 果戈理画传[M]. 上海：华东师范大学出版社，2004：12.

大家在办公室工作,只和同事谈论行政事务及工作报告;这些人思想单纯,枯燥乏味,完全沉浸在琐碎平庸的事务中……"①小科员工作的单调,让果戈里心中无法平静。同年,果戈里酝酿已久的田园诗《汉斯·古谢加顿》自费出版,他希望诗中的主人公——一个青年梦想家,能带给这些无趣的城里人一点生机。但事实上,《汉斯·古谢加顿》销量惨淡。他难受至极,将剩下的书付之一炬。他厌恶公务员的工作,却又感到自己没什么作诗的天赋,他的自尊心更不容许他以这样的方式回到故乡。为了在圣彼得堡生存下去,他坚持从事公务员工作达一年多,从负责录入工作的小科员晋升到了副科长,年薪从500卢布涨到了750卢布。也因为这段经历,他捕捉到了公务员程式化的工作、生活状态,看到了官场的黑暗腐败。看到同事因为自己的晋升而出现了明显的态度变化,果戈里深刻感受到人情冷暖和世态炎凉,这使他在之后的剧作中不遗余力地讽刺和刻画公务员的形象。

即便在单调枯燥的公务员生活中,果戈里依然坚持着一个雷打不动的习惯——每天下午5点去彼得堡美术学院学习写生。在放松自我、专心致志地创作时,他也结识了不少名气很大的艺术家。在每天的美术写生后,果戈里会全身心地投入写作中。他先后在《北方之花》《祖国纪事》和《文学报》等报刊上发表了《女人》《教师》《给孩子们讲地理课的几点想法》等几篇短文,虽然没有在读者群体内引起强烈反响,却获得了《文学报》社长的同情和好评。机缘巧合之下,果戈里认识了时任皇储老师的茹科夫斯基,并和他成了好朋友。茹科夫斯基将果戈里介绍给了文学教授普莱特内夫,普莱特内夫帮果戈里在贵族女子爱国中学谋得了一个教员职位。

正是普莱特内夫寄出的一封推荐信,让果戈里很快邂逅了他一生中的太阳——亚历山大·谢尔盖耶维奇·普希金!

---

① 王新颖. 果戈理画传[M]. 上海:华东师范大学出版社,2004:14-15.

故居展室

莫逆之交

1831年1月1日,《文学报》如常出了新的一版,但这一版的发行却在多年之后被认为意义非凡。因为,果戈里的文章《给孩子们讲地理课的几点想法》《教师》,与被他奉若神明的普希金的诗作《高加索》,第一次在这一版《文学报》上相逢。很多年后,果戈里被奉为"俄国散文之父",普希金被誉为"俄国诗歌之父",人们不由得惊叹,这对俄国文学史上的双璧竟在1831年的元旦就有了交集。

普莱特内夫在1831年2月给普希金写信说:"我要给你介绍一位有发展前途的青年作家,也许你已看到《北方之花》杂志上的一篇署名为"Гоголь"(俄文的"果戈里",其姓氏的一半)的历史小说的摘要和在《文学报》刊登的《给孩子们讲地理课的几点想法》,习作《女人》以及乌克兰短篇小说中的一章《教师》。这些文章都是果戈里的手笔。他一开始是政府机构的文职人员,但由于他对教育学的嗜好,我把他引导到我们的旗帜之下。他现已转入教师行列,茹科夫斯基对他很欣

《钦差大臣》剧照

赏,我也亟不可待地把他引到你那里去,并使他得到你的赞助……"[1]

1831年5月20日,在奥布霍夫大街普莱特内夫家举行的一次家庭聚会上,果戈里终于见到了普希金。普莱特内夫把年轻的果戈里引荐到颇负盛名的诗人面前,介绍道:"这就是我跟你提到过的果戈里。"[2]果戈里窘得脸都红了,局促不安地等着普希金的开场白。那时的果戈里依然很穷,以至于去见景仰已久的普希金时,仍然没钱添置一件新外套和燕尾服。他"身上的衣服还是穿旧的那一套,衬着那时髦而鲜艳的领带的,是那两侧磨得发亮的袖口。他那短短的身材、细长的弯鼻、弯曲的腿,以及根本不讲究发式的起绺的头发,抽搐着鼻孔发出的音,都让人觉得好笑……他意识到自己是一个'后起之秀'的角色,万分悔恨和痛苦,他的高傲受到了挫伤。尽管与普希金的接近,与普希金的被誉为美

---

[1] 王新颖. 果戈理画传[M]. 上海:华东师范大学出版社,2004:19-20.
[2] 毛晴. 果戈里小传[M]. 广州:广东旅游出版社,1997:44.

人的妻子的接近使他的高傲有了凭依，但这一切使他既混乱又自卑和畏怯"。①

尽管会面有些尴尬，果戈里却铭记了一生，因为他终于见到了倾慕已久的普希金。多年后，当普希金因为意外而英年早逝时，果戈里回忆起与普希金的初遇场面，缅怀道："我做了一生中最美好的梦！"②对他来说，"世界上没有胜过普希金的人，没有比普希金更可敬的人了"③。因为结识了普希金，果戈里的生活中仿佛出现了光明。

事实上，普希金一直是果戈里崇拜的对象。果戈里刚到圣彼得堡的时候就想去拜访普希金，但刚到他家门口又胆怯了，直到后来通过普莱特内夫的介绍，果戈里才终于与普希金结识，并一生引以为豪。第一次会面时，普希金看到这个害羞腼腆的青年，并没有多说什么。当时，或许连果戈里自己也没想到，性格反差那么大的他和普希金，日后居然会成为终身的挚友。普希金是个热烈多情的浪漫诗人，为人热情奔放，敢说敢做，慷慨大方，迷恋女人和扑克，生活中处处寻求冒险。而相比之下，果戈里则是忧郁孤僻的戏剧天才，性格内向，不会为所欲为，在众人面前是一位面色苍白却眼光犀利、敏感且擅长讽刺他人的矮个子男人，但就是这样性格截然不同的两人，之后却患难与共，结下了深厚的友谊。

1830年夏，一场举世罕见的霍乱引发了俄国各地的工人起义。同年，圣彼得堡再次爆发了反专制和反农奴制的起义。果戈里、普希金与茹科夫斯基为了躲避瘟疫和灾祸，一同去了帕夫洛夫斯克。他们同在一个屋檐下，自然而然地升华了彼此间的友情，并且从此成为莫逆之交。果戈里在1831年11月2日写给达尼列夫斯基的信中写道："整个夏天我是在帕夫洛夫斯克和皇村度过的……几乎每个晚上茹科夫斯基、普希金和我都聚集在一起。你知道，我的心中产生过多少美妙的思想和感情

---

① 毛晴. 果戈里小传[M]. 广州：广东旅游出版社，1997：44-45.
② 王新颖. 果戈理画传[M]. 上海：华东师范大学出版社，2004：20.
③ 王新颖. 果戈理画传[M]. 上海：华东师范大学出版社，2004：20.

啊……"①

在挚友的陪伴下，果戈里在帕夫洛夫斯克和皇村度过的时光中，迸发了高昂的创作激情，作品《狄康卡近乡夜话》《密尔格拉得》《小品集》纷纷问世。早在《狄康卡近乡夜话》出版前，普希金就开始宣传："他的童话故事色彩艳丽，五彩缤纷，将会冲击那些所谓的精雕细刻的思想。"②果然，从童年时期就开始积累的素材，终于在果戈里的作品中绽放出夺目的光芒。最先发表的《狄康卡近乡夜话》很快取得了成功并广泛流传开来。

当时的评论界把果戈里捧上了天，但批评也随之一起涌来。普希金是唯一认准了果戈里才华本质的人："真正的快乐，以及蕴含在其中的诗意和感染力。这是对果戈里抒情诗式的风格的理解，这种抒情风格因为他的笑而显得生机盎然，这种抒情诗闪耀着神圣的火花（特别是在对人的同情和怜爱方面），而没有这种火花的幽默仅仅是幽默，这是普希金的预见。"③

果戈里之后的作品《密尔格拉得》《小品集》，尽管当时销量惨淡，却在多年后得到了重新审视。《小品集》中的短篇小说《鼻子》和后来《彼得堡故事集》中的《狂人日记》《外套》，更是经过历史的见证，成为一代经典。至今，果戈里博物馆中还陈列着滑稽的"大鼻子"及相关故事人物的雕塑。陀斯妥耶夫斯基曾坦言道："我们所有的人都是从果戈里的《外套》中孕育出来的。"陀斯妥耶夫斯基只是受果戈里影响的大家之一。果戈里后来成为19世纪俄国批判现实主义文学的杰出代表和奠基人，影响了一大批批判现实主义作家，如涅克拉索夫、屠格涅夫、冈察罗夫、赫尔岑等。果戈里的《狂人日记》更是跨越了国度，启发中国新文化运动主将鲁迅写出了同名小说。

---

① 王新颖. 果戈理画传[M]. 上海：华东师范大学出版社，2004：20.
② 王新颖. 果戈理画传[M]. 上海：华东师范大学出版社，2004：23.
③ 毛晴. 果戈里小传[M]. 广州：广东旅游出版社，1997：50-51.

《死魂灵》

那时,正值二十余岁的果戈里,"额头上的那簇头发常常蓬蓬松松,再加上他偶尔由于爱好修饰穿上一件短短的燕尾服,他就有点像只小公鸡。他和从前一样,当人群中有自己的好朋友的时候,他就好做尖酸刻薄的嘲弄,兴致勃勃地开玩笑。可是一旦发现当中有外人,他就立刻变得很拘束,躲到角落里去"①。普希金看穿了果戈里的外冷内热,看到了果戈里的矛盾之处,正如后来屠格涅夫所形容的,果戈里"有一种隐藏的痛苦和不安,一种忧郁的神情和他那一贯开朗的面部表情糅合在一起"②。

也正因此,看到果戈里的《小品集》销售失败,普希金毫不犹豫地向他伸出援手,雪中送炭一般,将那个病弱敏感、有些神经衰弱的喜剧天才,从纷杂的世俗深渊中拉出来,用伟大的友情保护这颗明珠不被蒙尘。此后,普希金也一直鼓励并支持着果戈里的文学之路,直到去世。

1835年的秋天,普希金为果戈里提供了一个很棒的戏剧题材,那是普希金亲身经历的一个笑话:"两年前,我到喀山一带搜集材料,准备写一部关于普加乔夫的历史著作。路过奥伦堡附近的一个小县城时,那里的县长听说我是从彼得堡去的,把我当作皇上派去的'钦差大臣',拼命奉承巴结我,还向我行贿。想象一下当时他们的丑态吧!我一再声明自己不是什么'钦差大臣',等他们弄清了真相,对我的态度立刻不

---

① 王新颖. 果戈理画传[M]. 上海:华东师范大学出版社,2004:43.
② 王新颖. 果戈理画传[M]. 上海:华东师范大学出版社,2004:142.

同了，像变成另外一个人似的。"①受此启发，果戈里写下了巨作《钦差大臣》。

　　这部具有真实性的荒诞喜剧，将被信口雌黄的骗子耍得团团转的虚伪官员的滑稽丑态暴露出来，剧情既在意料之外，又在情理之中，传达出某种超脱于痛楚与悲愤之上的轻蔑态度。1836 年 4 月，《钦差大臣》在圣彼得堡亚历山德拉剧院上演，精彩的剧本、精湛的演技轰动了整座城市。剧院被欢快的笑声和热烈的掌声填满。这时，豪华包厢里站起来一个咬牙切齿的人——沙皇尼古拉一世，他恨恨地向身边的大臣喊道："这叫什么戏！我感到它在用鞭子抽打我们的脸。"②说罢，他气呼呼地拂袖而去。那些早已觉得戏剧在讽刺自己而心中不痛快的王公大臣们，也一个个溜掉了。这场反响强烈的剧作使得果戈里备受瞩目，他也因此被卷入保守派和自由派的争斗之中。果戈里敏感的心饱受谣言的折磨："《钦差大臣》演出了，而我感到有些事情有些混乱，很奇怪……我预计到会这样，我事先知道将会发生什么事，但是我现在意志消沉，充满着悲伤情绪，怨天尤人，我感到自己的作品是令人沮丧的，违情悖理的，又感到好像与我没有

果戈里铜像

---

① 王新颖. 果戈理画传[M]. 上海：华东师范大学出版社，2004：69.
② 王新颖. 果戈理画传[M]. 上海：华东师范大学出版社，2004：73.

关系……"①在心灵备受压力和煎熬的情况下，果戈里突然冒出了一个念头："要尽早同群众拉开距离，重新过孤独的生活，如果有可能就到国外去。"②

最终，果戈里决定去长途旅行。临行前夜，普希金不期而至。"在那个灰暗的黎明，两个人面对面坐着，都疲惫不堪，一个是由于担心妻子和社交界的诽谤，另一个是由于缺少金钱和剧本。他们究竟谈了些什么已经无从考证，两个人分手在清晨。"③

不承想，这一别，就是永远。而果戈里和普希金的莫逆之交，这段感人至深的友谊，也成了俄国文坛的一段佳话。

1837年1月29日，普希金在与情敌的决斗中不幸逝世。听到普希金的死讯，果戈里悲痛不已。他说："我的生活，我的无上的快乐，也随着他的逝世而消失了。我一生光辉的时刻，就是我从事创作的时刻。而当我创作的时候，我眼前所看到的只有普希金。所有的流言蜚语我都不在乎，我对那些以公众的名义出现的卑鄙无耻的笨蛋嗤之以鼻；对于我来说，至为珍贵的是他那不容置疑的永恒的话语。"④

普希金的早逝令俄国进步文人感叹："俄国诗歌的太阳沉落了。"对于果戈里来说，他的太阳，也在那一天熄灭了。俄国文学双璧之一玉碎，这使得另一个活着的英雄压力倍增。高处不胜寒，失去挚友，果戈里才发现自己在文学中，乃至在生活中都是完全孤立的！他再也找不到一位像普希金这样的朋友，去寻求依赖和帮助。别林斯基说："他走上去顶替了普希金的位子。可是这一步却是多么痛苦！"⑤

普希金去世后不久，果戈里的健康每况愈下，他自幼体质就差，而

---

① 王新颖. 果戈理画传[M]. 上海：华东师范大学出版社，2004：74.
② 王新颖. 果戈理画传[M]. 上海：华东师范大学出版社，2004：77.
③ 王新颖. 果戈理画传[M]. 上海：华东师范大学出版社，2004：77.
④ 王新颖. 果戈理画传[M]. 上海：华东师范大学出版社，2004：101.
⑤ 王新颖. 果戈理画传[M]. 上海：华东师范大学出版社，2004：164.

且神经过分敏感,痛失挚友的打击使得他不得不奔走各处以寻求治疗。①果戈里的精神和肉体都痛苦不堪:"我已经同心灵上的不安斗争好几年了。"②躁郁症在这一刻终于不受控制。在四处求医问药的过程中,果戈里却仍然将一天中的大部分时间花在创作上。"工作就是我的生活,不能工作,也就无法生活了。"③果戈里走遍日内瓦、维也纳、巴黎、柏林等多个城市后,最终选择了寓居罗马,在那里逐步完善《死魂灵》的创作,而罗马,也成为果戈里的第二故乡。"能死在罗马是最好的运气。这儿的人们比其他地方离上帝更近些。"④这里的一切都保持着古老的传统,避开了欧洲的喧嚣。在一条叫作"幸福"的小街上,果戈里找了两间房子。他住在一幢楼房最上面的一层,房间很大,有镶嵌的石板地板,走上去嘎吱作响;还有百叶窗,拉开窗户,便能看到蔚蓝色的意大利的天空。⑤

果戈里在罗马完成了《死魂灵》第一部的初稿。"《死魂灵》仿佛是从《钦差大臣》中自发地浮涌出来的,是从它的元素发轫的,这是笑的元素,同样的小城市,同样的过路人,同样的细节,同样的语调……不过此时,主人公发生了变化,作者也发生了变化。"⑥《死魂灵》通过线索人物乞乞科夫的眼睛,刻画了俄国地主的丑恶群像,而泼留希金正是乞乞科夫拜访的最后一个地主,他贪婪又吝啬,成为俄国文学史上经久不衰的典型形象。

为了写作,果戈里要了解一些俄国人对国家的新印象。于是他决定回国,给朋友们读读《死魂灵》的内容,并顺带处理一些家事。据说茹科夫斯基听果戈里念《死魂灵》,却在中途睡着,以至于果戈里生气地

---

① 参见王新颖. 果戈理画传[M]. 华东师范大学出版社,2004:98.
② 王新颖. 果戈理画传[M]. 上海:华东师范大学出版社,2004:135.
③ 王新颖. 果戈理画传[M]. 上海:华东师范大学出版社,2004:144.
④ 王新颖. 果戈理画传[M]. 上海:华东师范大学出版社,2004:99.
⑤ 参见王新颖. 果戈理画传[M]. 上海:华东师范大学出版社,2004:99-100.
⑥ 王新颖. 果戈理画传[M]. 上海:华东师范大学出版社,2004:101.

故居全景

与他决裂。谁能想到,这部史诗级作品的出版,掀起了俄国国内残酷的斗争。果戈里本想置身斗争之外,但他的作品却被国内各政派用来互相攻讦。因此,他变得暴躁易怒,体质愈发衰弱,很快再度逃离俄国,逃离自己引发的风暴中心,就像乞乞科夫逃避着小城里的流言蜚语。

果戈里遥记上一次临行前,普希金听他读了《死魂灵》的草稿,便发出了感慨:"我的天啊,我们俄国真惨啊!"果戈里为此惊叹道:"我惊呆了,普希金是非常了解俄国的,难道他没有发现一切都是夸张的画面和虚构的现象?我于是懂得,一篇发自灵魂深处、充满精神真理的作品,不管它以多么可怕的形式出现,都能向人们介绍黑暗和没有光线的令人苦恼的场面!"

高山流水,终有曲终人散之时。普希金逝世后,在孤独与迷狂中挣扎多年的果戈里,终究还是焚毁了自己的《死魂灵》第二卷。果戈里焚书,又何尝不是冥冥之中一种深沉的祭奠?普希金与世长辞,世上最了解果戈里的人不在了,果戈里的快乐也被带走了。

含泪的笑

果戈里想像以前那样在旅途中和不断的迁徙中寻找放松的感觉。但是现在无论走到哪里,他也找不到他所梦想的精神上的安宁。兜兜转转,果戈里还是回到了俄国,在尼基塔街托尔斯泰的府邸度过了他生命中最后的四年。

1852年3月4日,果戈里在病痛的折磨中逝世。果戈里所患疾病至今也无定论。医学界目前倾向于认为他患有躁狂抑郁性综合征,这种病多半遗传自他的父亲,表现为抑郁和情绪容易波动。很多人认为,果戈里的疾病与其辛劳创作有密切关系,尤其在写作《死魂灵》第二卷时的屡屡不顺更是加剧了他的病情。

到达人生的终点时,不知果戈里是否在希冀着,在天堂与那个久违的璀璨身影重逢?1931年,苏联政府决定将果戈里的墓地从圣丹尼安修道院迁往新圣母公墓。帕乌斯托夫斯基曾说:"这是世界上最美好的地方,因为普希金长眠于此。"在这里,果戈里终于和普希金重逢了。

纵观果戈里的一生,他幼年丧父、终身未娶、精神抑郁,可谓坎坷不平。而不幸中的幸运,大概是他拥有敏锐的洞察力和喜剧天赋,以及与最了解他的诗人普希金的毕生相知。被誉为"俄罗斯的狄更斯"的果戈里,写出了最伟大的喜剧,却终身被痛苦萦绕,晚年更是因为躁郁症走向迷狂。神秘而忧郁,不流于世俗的才气与不善社交的腼腆,敏锐的洞察力与惊人的创作热情,喜剧的作品与悲剧的人生,矛盾与传奇,为果戈里增添了独特的魅力。

果戈里的"笑"是贯穿他所有著作的关键词。从《外套》《狂人日记》到《钦差大臣》,再到《死魂灵》,果戈里用一腔热血灌注其中,用喜剧的夸张形式、辛辣的讽刺、同情的取笑、带泪的诙谐,烹制了一碗人生百味羹。因喜剧而著称的果戈里却尝尽了世间的血泪。他用那含泪的笑,藏起心中忧郁与苦痛,怀揣着一颗悲悯的心,将世间炎凉与滑稽丑态以讽刺之语诉诸笔端，将对广大劳苦大众的同情藏在了字里行间。曾经在中学时期许下的"我要为大众的幸福做些什么"[①]的夙愿，终于在他的努力下实现。而今，果戈里和至交普希金一起作为"双璧"载入了俄罗斯文学史册。

（撰稿：朱丽）

参考文献

果戈理. 死魂灵 [M]. 满涛, 许庆道, 译. 北京：人民文学出版社，1983.

满涛. 果戈理小说选 [M]. 北京：人民文学出版社，1996.

毛晴. 果戈里小传 [M]. 广州：广东旅游出版社，1997.

王新颖. 果戈理画传 [M]. 上海：华东师范大学出版社，2004.

佐洛图斯基. 果戈理传 [M]. 刘伦振, 等译. 天津：天津人民出版社，1982.

---

① 王新颖. 果戈理画传 [M]. 上海：华东师范大学出版社，2004：11.

狄更斯

　　一个城市的气质，藏在它的历史与文化之中。在欧洲大陆有这样一个城市，悠久的历史让它拥有了厚重的底蕴，灿烂的文化为它增添了优雅、浪漫的气息，泰晤士河的每一朵浪花都凝结着无尽的故事，见证着它的兴衰起落，如今时过境迁，它却繁华依旧——这便是伦敦。在英国伦敦布鲁姆斯伯里区道蒂街48号，透过门前的婆娑树影，可以看见一栋清新典雅的乔治亚风格的老别墅。它那斑驳的青砖墙面，搭配着墨绿色的大门、简洁的黑铁栅栏以及纯白的窗棂，极具英伦风情。这所房子没有华丽的装饰，乍看之下平凡无奇，但是其主人的巨大影响力却令它在历经百年时光洗礼后仍旧门庭若市，吸引着诸多游客源源不断地从世界各地赶来。这所房子的主人正是19世纪伟大的现实主义作家查尔斯·约翰·赫法姆·狄更斯，他曾于1837年至1839年短暂地居住在此。提到狄更斯，人们便会联想到伦敦。这个与他的人生融为一体的城市，以独特的气候土壤和历史文化传统孕育了他精致典雅的英伦风情和彬彬有礼的绅士风度。狄更斯笔下的伦敦，与沈从文笔下的湘西、乔伊斯笔下的都柏林一样，都是意象丰富的

狄更斯故居（英国伦敦）

诗意世界。作为在这片土地上生活的最重要的作家之一，狄更斯始终致力于用文字记录和重现英国伦敦的社会风貌，他把在这个城市里的所见、所闻、所感都写进了自己的作品。这个烟雾朦胧的城市里，那些迥异的人物、清晨嘈杂热闹的港口、飞驰的马车……一切的一切都与他同在，共同缔造了一个时代。我们虽未曾踏足，但是通过他的文学作品，便仿佛能穿越时空，置身于百年前的伦敦街景中。

狄更斯和他的家人一生辗转15处住所，道蒂街48号是唯一完好留存下来的。现如今，道蒂街48号的这所房子已经成为一个小型的博物馆，供仰慕狄更斯的书迷和文学爱好者们参观。这里保存着与狄更斯相关的一切，他的生活、他的作品、他对世界的感触和思索……

1837年，狄更斯的写作事业蒸蒸日上，孩子们也相继出生，为了给他们提供一个更好的居住环境，狄更斯举家搬迁到此，并雇用了厨师、护士和两个仆人。在此居住的几年间，他完成了《匹克威克外传》的连载，并且创作了《尼古拉斯·尼克尔贝》和《雾都孤儿》，这几部作品一经问世便使狄更斯在英国文坛声名鹊起。

这所房子里至今还保存着狄更斯的部分手稿、书信、绘画作品、初版图书和一些他曾使用过的私人物品。我们可以从中了解到19世纪一个富裕的中产阶级家庭的生活情况。循着狄更斯在文字中留下的痕迹，推开历经时光洗礼的大门，我们仿佛看到了狄更斯在书桌前奋笔疾书的身影。

拾级而上，二楼是狄更斯家的客厅，室内装潢是维多利亚时期具有代表性的华丽风格，彼时狄更斯已经是在文坛名声大噪的著名作家，他的座上客也是当时文艺圈中的重要人物。看着客厅中优雅精致的英式家具，我们不难联想到他们坐在这里谈笑风生的画面。

书房的角落里存放着狄更斯创作小说时留下的手稿。在狄更斯的创作生涯中，他始终严格要求自己，十分勤勉，醉心于写作事业。他一生创作了许多作品，对每一部作品都投入了百般的热忱，几乎每一份手稿中都有他精心修改的痕迹。狄更斯在创作时还有一个独特的习惯，他时常会将自己代入创作的人物中，大声朗诵他们的台词，来帮助自己揣摩人物情绪。

狄更斯对道蒂街48号的感情是十分深厚的，其中一个重要原因便是这里有他钟爱的挚友、他的妻妹玛丽·霍格思生活的痕迹。狄更斯把玛丽·霍格思当作与自己灵魂相通的知己，但是她却因为心脏衰竭过早地离开了人世，这让狄更斯悲痛欲绝。一向要求自己严格执行写作计划的他，甚至一度无法坚持完成《匹克威克外传》和《雾都孤儿》的连载。玛丽·霍格思去世后，狄更斯将

故居正门

她抱在怀中久久凝视,并且褪下了玛丽·霍格思一直以来戴在手上的指环戴在了自己的手指上,终其一生都不曾摘下。狄更斯在玛丽·霍格思的墓碑上刻上了"年轻、美丽、善良",在她身上,狄更斯看到了年轻女子所有美好的特质。1839年,狄更斯带着无比的悲痛和遗憾离开了道蒂街48号,将他与玛丽的回忆永远地留在了这里。

此后,狄更斯以更加丰沛的热情投入到了他所热爱的小说创作事业当中,给世界文学宝库留下了无数瑰宝。狄更斯"近乎成为某种宇宙神话,因为他的作品被译成许多种文字,读者遍及全球。他的巨大经典性超出了小说世界,甚至像莎士比亚一样,他的作品可以并且正在世界各地上演,其影响却超出了剧场之外"①。作为英国维多利亚时期最具代表性的作家,狄更斯一生笔耕不辍,用如椽之笔记录了一个国家、一个时代的精神和社会风貌,对后世产生了深远的影响。

坎坷的成长之路

1812年2月7日,查尔斯·狄更斯出生于英国朴次茅斯市郊的兰德港迈尔恩德台巷18号。朴次茅斯别名庞培,是英格兰南海岸的一个美丽的海滨城市,同时也是英国皇家海军基地。幼年的狄更斯在母亲伊丽莎白·巴罗·狄更斯的教导下,读完了家中所有的古典小说。他的父母均出身中产阶级,但是其父向往上流社会的奢华生活并挥霍无度,其母又不善理财,虽尝试开办家庭学校,但最终以失败告终。这一切使他们一家的经济每况愈下,家里只能勉强维持最基本的生活。后来狄更斯的家庭背负上了沉重的债务,其父在狄更斯12岁时因无法偿还债务而锒铛入狱,年幼的狄更斯开始了艰辛的成长之路。

贫困的生活迫使小小年纪的狄更斯离开学校进入复杂的社会,最初

---

① 布鲁姆. 西方正典 伟大作家和不朽作品[M]. 江宁康,译. 南京:译林出版社,2011:261.

他在一个皮鞋油工坊做工。这些经历都以近乎自传的形式融入了他日后创作的小说《大卫·科波菲尔》之中,他幼小身体里蕴藏着的坚定倔强的力量,他在眼眶中打转的泪水蕴含的委屈和艰苦,那些在他的生活中闪现的淳朴的温情都流淌在小说的字里行间。痛苦的童年虽然短暂,却在狄更斯的脑海里留下了不可磨灭的记忆。在道蒂街48号狄更斯故居的地下一层,有一面牢笼一样的铁墙,狄更斯时常在那里缅怀,对他而言,这或许是一种仪式,既可以通过这种方式对过去的不幸经历释怀,也能时刻鞭挞着自己奋力前行。

之后的几年时间里,狄更斯又分别从事了法律事务所抄写员、下议院速记员和新闻记者的工作,这使狄更斯接触到了更多的文字,锻炼了观察和写作的能力,开阔了视野,并为日后的创作积累了素材。

艰辛的成长经历,使狄更斯对光怪陆离的英国社会有着真切而丰富的感触,他的作品中既有对英国社会腐败黑暗一面的揭露和揶揄,又有对美好生活的憧憬与向往。此外,记者和速记员的工作经历以及对戏剧的热爱也对狄更斯的创作产生了不可磨灭的影响。记者的经历使他洞察到社会上各种矛盾现象背后利益关系的抗衡,而对戏剧的热爱使狄更斯比一般人更乐于观察生活中形形色色的人物并且能迅速捕捉到人物动作表情的细微变化,这一切都使狄更斯的作品更加真实细腻、感情充沛。他的作品中体现出狄更斯式的人道主义:他对资本主义世界使人"异化"的力量表示强烈抗议,对社会底层人民始终保持同情与关爱。

故居廊道

坎坷的成长经历并未让狄更斯成为一个郁郁寡欢的人，青年狄更斯笔下的人物和情节都有些许天马行空的罗曼蒂克色彩，间或有一些让人忍俊不禁的小插曲，充满奇趣。他这一时期的作品总体上看来可能整体性方面稍欠，但在他后期的作品中，这一缺憾得到了弥补，不仅艺术手法的使用更加娴熟，结构设置更具整体性，内涵也得到了进一步的深化和升华。阅读狄更斯的作品时，读者就好像与他一起在绮丽的语言宫殿中欢快地拾级而上，渐次推开每一个隐藏着故事的房间大门，与其中的人物一起畅快淋漓地投入其中。

苦涩的爱恋

狄更斯的感情经历并不算一帆风顺。1829年，青春年少的狄更斯与银行家的女儿玛丽亚·贝得耐尔相遇，开始了一场懵懂而热烈的痴恋。狄更斯当时还只是在法律事务所做速记员，干一些打杂工作，他没有高贵的出身，没有体面的工作，更没有足够的钱财，而对方却是银行家之女，生活优渥，这无疑激励了狄更斯，促使他奋力拼搏，为自己谋划一个光辉远大的美好前程。但是这段社会地位悬殊的感情还是在三年后结束了。狄更斯把对玛丽亚刻骨铭心的爱投注到了自己创作的女性人物形象身上，《大卫·科波菲尔》中的朵拉·斯彭洛和《远大前程》中的艾斯黛拉身上都有玛利亚的影子。狄更斯在玛丽亚那里备受打击，这使他更加渴望真挚的爱情。

两年半后，狄更斯爱上了与玛利亚相比更温柔沉静的凯瑟琳。凯瑟琳是资深记者、艺术评论家霍格思的长女。他们志趣相投，出身相当，很能理解彼此，狄更斯眼中的凯瑟琳比起玛利亚来，"能赋予他更多的他所需要、所渴望的东西——她不单单体态优美、漂亮，并且为人文静"，他们的关系"又是在具有共同兴趣和爱好的社会阶层上建立起的相爱关系"。① 1836年4月2日，狄更斯和凯瑟琳步入了婚姻的殿堂。然而，这段婚姻并没有走到最后。狄更斯对女性有一种柏拉图式的美好追求，对妻子凯瑟琳更是如此。在长时间的矛盾冲突中，他们观念上的分歧愈发明显地展露出来。凯瑟琳无疑是悲情的，婚后的她深爱着自己的丈夫，却也一直生活在狄更斯的阴影之中，她甚至摒弃自己的个性而迎合丈夫。随着时间推进，两人之间的性情与趣味并未日趋一致，反倒渐行渐远。结婚二十年，凯瑟琳共生了十个孩子，还有过几次流产，这让她的身心都受到了严重的伤害。1857年10月11日，狄更斯终于吩咐仆人把自己和妻子的卧室分开了。1858年，由于狄更斯与情人爱伦之间的关系以及其他复杂原因，他与凯瑟琳的这份感情最终还是走到了尽头。

随后，爱伦·特南正式走进了狄更斯的生命之中。爱伦·特南是一个秀气、俊美、丰满又匀称的年轻演员。自从七年前在曼彻斯特爱上了爱伦，狄更斯就一直沉浸在与爱伦浪漫的爱恋之中。但是，这份爱给狄更斯带来浪漫的同时，也给他带来了忧郁和苦闷。虽然狄更斯煞费苦心地维护着情人的名誉，但是流言还是在伦敦各界传得沸沸扬扬，使狄更斯因为这场恋情遭遇了前所未有的家庭危机。爱伦不愿让自己与狄更斯的绯闻传扬出去。为了维护爱伦的名誉，狄更斯不仅在公开场合以爱伦父亲的身份把爱伦介绍给自己的朋友们，甚至还要求妻子凯瑟琳去拜访爱伦，这让凯瑟琳彻底地心碎绝望了。然而，这场恋情最终还是被狄更斯远在澳大利亚的四儿子艾尔弗雷德宣扬了出去，甚至当地的一位剧作家还把它当作一个桃色事件写成了独幕剧。1867年，狄更斯为爱伦在坎伯韦尔租了一所房子。可惜的是，狄更斯深爱着爱伦，对方却并非如此，这给临近晚年的狄更斯带来了更深的打击和痛苦，他只得用文学的想象来减轻情感上的伤痛。例如在后来的《艾德温·德鲁德疑案》中，他对其中人物的疯狂的单恋之苦做了细致而精辟的描写。

---

① 斯莱特. 狄更斯与女性[M]. 麻益民, 译. 天津：百花文艺出版社, 1990：137.

狄更斯从未停止过对理想爱情的追寻，却屡次碰壁。爱而不得的玛丽亚，曾经相爱却没有走到最后的妻子凯瑟琳，带给他内心宽慰却匆匆离开的、宛如天使般的女孩爱伦……这些性格各异的女性，在他的人生中扮演了重要的角色，给予他心灵上的陪伴。以她们为原型，狄更斯创造出了《大卫·科波菲尔》中的艾尼斯、朵拉，《远大前程》中的艾斯黛拉等在文学史上具有典型意义的女性形象。

时代的代言人

毫无疑问，狄更斯是时代的代言人和预言家。《剑桥英国文学史》对狄更斯做了如下评价："狄更斯和莎士比亚一同是英国最具有代表性的作家；像莎士比亚一样，狄更斯已征服了世界。狄更斯的缺点是英国性格的缺点；他的优点是英国性格的优点；但无论是优点还是缺点，他都以其蓬勃丰饶的构思、无比充沛的创作经历和广阔无边的慈悲之心予以充分的表达。"的确，作为具有时代代表意义的作家，狄更斯通过精准又幽默十足的笔触描绘了维多利亚时期英国的社会百态和鲜活人物，

故居展室

故居内景

无论是商人、政客还是贫苦大众，仿佛都通过文字的力量跨越时空的阻隔来到了我们的面前。

在短短三十几年的创作生涯中，狄更斯创作的作品不仅数量众多、类型丰富，而且部部堪称经典。他的作品主要包括15部长篇小说、20余部中篇小说、数百篇短篇小说和散文、一部随笔、两部长篇游记、一部英国历史以及大量的书信。其中长篇小说取得了最辉煌的成就：《匹克威克外传》是一部堂吉诃德式的历险传奇，塑造了个性鲜明的匹克威克先生的形象；《雾都孤儿》通过孤儿奥利弗凄苦的成长经历和极富戏剧性的命运转折，揭露了黑暗的社会对下层人民的压迫，展现了一幅英国伦敦贫民窟的真实生活图景；《老古玩店》与之前的作品相比更具抽象的象征意义，女孩奈尔像是黑暗中的微光，尽管身如浮萍，内心却无比坚定执着；《圣诞颂歌》是关于爱与温暖的寓言；《董贝父子》构筑了一个人性与金钱对立的真实世界；《大卫·科波菲尔》讲述的是狄更斯悲喜交织的自传人生；《荒凉山庄》映射笼罩在悲剧阴影下的法律机器；《小杜丽》控诉的是腐蚀心灵的马夏尔西监狱；《双城记》是反映法国革命的历史小说；《远大前程》中皮普的幻灭可以看作是狄更斯最终妥协的写照……通过这些长篇小说，狄更斯塑造了众多个性鲜明的人物角色，展现了一个时代的社会风貌，在英国及世界文学史上留下了浓墨重彩的一笔。

狄更斯的写作生涯开始于 1834 年。1836 年，他的第一部作品《博兹特写集》出版。《博兹特写集》是一部书信形式的文集，收录了狄更斯写于 19 世纪 30 年代前半期的 25 篇故事，包括此前曾发表过的一些特写和短篇故事，以及 8 篇全新的作品。这些作品就像是铅笔绘就的速写画，展现了一幅幅城市下层人民的生活图景，字里行间流露出对劳苦大众的深切同情。

从《博兹特写集》开始，狄更斯独具个人特色的写作风格已具雏形。他的作品既有风趣幽默的成分，又透露出他对困苦人民的关爱；既有充满世俗趣味的内容，又有悲剧一般的崇高意味。狄更斯作品的真实性来源于他对现实生活敏锐的观察力，他总是能捕捉到耐人寻味的细节或让人陶醉的氛围。空气的湿度、沙沙作响的树叶以及与之相关的绮丽想象都能印刻在他的脑海里，狄更斯会将它们诉诸笔端，让它们在小说里展现出生命力。独属于狄更斯的写作风格以及其笔下性格鲜明的人物形象让人过目不忘。

1836 年，狄更斯辞去了记者的工作，开始专职写作。1837 年，他的第一部长篇小说《匹克威克外传》出版，这部小说一经问世就在整个文坛和读者之中引起了热烈的反响，一时间狄更斯声名鹊起。

狄更斯主要生活于英国的维多利亚时代，这是英国历史上的黄金时代，始于 1837 年维多利亚女王即位。女王在位期间，工业革命如火如荼，高速发展的资本主义经济也带来了许多社会病症。到 19 世纪 40 年代末，英国社会才逐渐度过了冲突激烈的变革时期，进入相对稳定的阶段。日不落帝国的羽翼日渐丰满，但曼彻斯特城的滚滚浓烟背后，是田园时代的真诚、博爱与机器时代的雄心、贪婪的对抗。这一时期英国的小说创作重心也从前期单纯揭露资本主义发展过程中的丑恶现象，过渡到关注人的精神实质和整个社会的道德风气。狄更斯的作品就是在这样的时代背景下诞生的。这一时期，英国整体上处于矛盾斗争激烈的过渡阶段，各派势力错综复杂。狄更斯在小说中对经济过快发展所带来的劳资矛盾进行了描写和揭露，对资产阶级和上流社会的肮脏、贪婪进行了猛烈的抨击。他同情中下层民众，热情讴歌妇女、老人、孩童等弱势群体身上所具有的美好品质。通过小说创作，狄更斯完整再现了当时社会生活的方方面面。

随着经济的发展，英国的社会思潮也在悄然发生变化。当时，资产阶级的功利主义哲学和曼彻斯特学派的主张已经成为英国社会的思想主流，唯美主义和自然主义的美学思潮也开始传播。在这样的时代背景下，狄更斯形成了他独有的融合浪漫想象和写实于一体的风格。这种风格在其作品中具体体现为对黑暗现实的批判与对美好理想的探寻，以及题材的传奇色彩和戏剧性，最具代表性的便是《双城记》。这部小说反映的是法国的革命历史，由三个相互交织又各自独立的故事组成。梅尼特医生为人正直不屈，因为告发厄福利蒙特侯爵迫害农夫而被关押了十八年，受尽折磨。梅尼特医生的选择是富有意味的，蒙冤入狱的他十八年间历尽了苦难，但是他却以德报怨，没有以暴力去对抗邪恶，因为他深知在当时黑暗的社会环境下，复仇是毫无作用的，他选择忠于内心的光明，忘却仇恨与痛苦，用爱的力量去感化他人。《双城记》的主题并不局限在社会历史层面，而是升华到了人类集体道德的层面。

担任记者工作的经历，使狄更斯终生都将具有新闻价值的重大事件作为小说写作的真实素材。在小说如何描写现实的问题上，狄更斯旗帜鲜明地提出自己的看法，他认为，"小说的真实，正如同戏剧或叙事诗的真实一样，须仰仗想象性的模仿或风格上的仿效"[1]。显然，狄更斯认为语言并不是透明的载体，小说也不能如实地再现真实，而是旨在构建

---

[1] 赖千坚. 狄更斯评传[M]. 上海：学林出版社，2012：330.

一个虚拟的世界，在其中表现作者的内心活动以及作者对世界的理解。同时，狄更斯认为，"逼真"也不是文学作品追求的首要目标，一味机械地临摹现实生活而缺乏艺术想象的作品，对作家的创造力而言是一种禁锢。因此，狄更斯在关注社会生活的前提下，又在现实主义的写作中融入了自己的道德指向。

与前期作品中温和的批判不同，狄更斯后期的作品，包括长篇小说《荒凉山庄》《艰难时世》《小杜丽》《远大前程》《双城记》等，表现出了他对资本主义世界拜金主义、唯利是图观念的辛辣批判，触碰到了时代道德风气败坏的根源，并且直接揭露了社会中存在的现实问题，包括国家的政治体制、法律制度、阶级矛盾、工业污染等。无论是《荒凉山庄》中政府和商人勾结剥削普通百姓，还是《小杜丽》里腐败、虚伪的监狱，都一针见血地直击了社会毒瘤。这一时期，狄更斯的艺术创作手法也成熟起来，作品结构与原来相比更加完整，表现手法也更加丰富，这一切都拓宽了其作品的广度和深度。

故居客厅

仁爱的力量

狄更斯的作品始终关心普通民众的日常琐事，并且大都遵循"善恶报应"的原则。狄更斯在演讲中说道："我相信，衣衫褴褛的穷人身上显示出来的德行并不亚于那些衣着华丽的达官显宦。我相信，德行以及客观外界的每一件美好物体，即使在穷困潦倒者的心中也能唤起共鸣，尽管他每天连很小的面包也要掰成两半儿省着吃。我相信德行不仅与乘坐马车的人为伍，而且还和赤着脚步行的人同行。我相信，德行与其说居住在宫廷大厦，不如说居住在穷街陋巷。"① 他的作品关注的是普通人的日常生活，同时包含着一些奇异的情节，比如《圣诞颂歌》中三个精灵与斯克鲁奇的会面，就具有怪诞、梦幻的童话成分。到了他创作的中晚期，这种手法被更广泛地运用，他在《远大前程》和《德鲁德疑案》中就更多地采用象征、暗示的手法，以深化作品内涵。

T.A.杰克逊在评价狄更斯的创作时说道："司各特把'恢复到传奇性历史故事'的老传统与自然主义地描写家庭的新风尚结合起来，从而开创了真正的英国浪漫主义流派，而狄更斯把司各特取得的胜利推进一步，创立了英国批判的富于浪漫主义色彩的文学流派。"② 狄更斯的作品

狄更斯手稿

---

① 狄更斯.狄更斯演讲集[M].丁建民，殷企平，徐伟彬，译.杭州：浙江文艺出版社，2006：6-7.
② 杰克逊.查尔斯·狄更斯——一个激进人物的进程[M].范德一，译.上海：上海译文出版社，1993：25.

注重对现实的描写以及人物性格的塑造，带有明显的现实主义特质，同时可以看出 18 世纪末 19 世纪初感伤主义文学以及浪漫主义文学思潮对他创作的影响。狄更斯的作品中总是洋溢着善良一定能战胜邪恶的乐观主义精神，他笔下的主人公，无论是《匹克威克外传》中的匹克威克先生、《雾都孤儿》中的奥利弗、《大卫·科波菲尔》中的大卫，还是《远大前程》中的皮普，无不满怀对美好生活的憧憬。

狄更斯与圣诞节有不解之缘，他开创性地在作品中描绘了圣诞节，并营造出美妙和谐的氛围。因为《圣诞颂歌》的巨大影响力，当时英国的家庭在圣诞节那天，父母几乎都会给孩子们讲狄更斯笔下的故事。狄更斯甚至因此成为现代圣诞节的创始人，似乎圣诞节就应该是狄更斯小说中的那个样子。众所周知，圣诞节是基督教信徒为纪念耶稣的诞辰而创立的节日，最初，信徒们在这一天并没有独特的庆祝活动，直到 1843 年，狄更斯的《圣诞颂歌》出版，圣诞节才开始变成一个庆祝方式多样并且带给人们祥和与温暖的节日。在圣诞节这一天，家人们在家里悬挂槲寄生，装扮圣诞树，吃火鸡大餐，互相交换礼物，围在火炉旁分享狄更斯的故事。这种庆祝方式拉近了人与人之间的距离，让更多的家庭体会到家人团聚、其乐融融的天伦之乐，并且从简单的一句"Merry Christmas"中感受到人与人之间的温暖与友爱。或许狄更斯的童年不够美好，童年的他品尝了太多的委屈与挣扎，但是他却给当时乃至今日的无数孩子带来了温暖。在《圣诞颂歌》之后，狄更斯几乎每年都创作一本全新的圣诞童话，比如《炉边蟋蟀》《教堂钟声》，每一部作品都试图以浓浓的人情味去感化被金钱和物欲控制了的堕落灵魂。

小说《圣诞颂歌》用奇幻而又充满神秘色彩的笔触，创造出了一个童话般的故事，展现了人性中仁爱与宽恕的力量。《圣诞颂歌》的主人公斯克鲁奇有着和狄更斯相似的童年经历，成年的斯克鲁奇是一个完全被商业世界的游戏规则控制的人，冰冷又吝啬。在一个圣诞夜里，斯克鲁奇被三个圣诞精灵——"过去之灵""现在之灵""未来之灵"造访，第三位圣诞精灵的造访，让斯克鲁奇看到了自己衰老之后孤独冷寂、无依无靠的模样。这让他开始重新思索人生的价值与意义，明白了施舍比接受更快乐。最终他受到了圣诞精神的感化，完成了人性的升华。

狄更斯认为是不道德的行为导致社会中罪恶的出现，因而重视弘扬人性中真诚、善良的部分。在狄更斯眼里，善良、真诚就如同冬日的暖阳，能融化冰冷刺骨的坚冰，可以弥合人与人心灵的隔阂。

纵观狄更斯的创作历程，他的每一部作品都力图宣扬理想中的仁爱、真诚、善良等美好的道德品质。但是在他创作的不同阶段，道德的内涵又有所不同。狄更斯在早期创作的作品中秉持善定胜恶的乐观主义信念。《匹克威克外传》中的主人公匹克威克先生，颇有几分堂吉诃德的韵味，他天真得有些滑稽，甚至相信马车夫胡诌的神奇故事，并要拿本子记下来。但是他又不只是一个引人发笑的人物，他正直善良，疾恶如仇，对骗子毫不留情。狄更斯将这个人物塑造成一个活灵活现的乐天派的形象。之后的几部作品，包括《雾都孤儿》《尼古拉斯·尼克尔贝》《老古玩店》《巴纳比·鲁吉》几乎都是具有浪漫色彩的传奇，洋溢着乐观精神，同时以喜剧讽刺的形式展现出对社会邪恶势力的不满。

1841年，狄更斯作品中的主题思想出现转变，他开始重视道德教化的价值，这也是狄更斯后期作品的一个显著特色。当时英国社会出现剧烈的变革，旧世界的道德已经不能够规范新的社会关系，于是狄更斯和一些社会学家纷纷提出能代表新的社会道德的理想主张。英国小说一直以来就存在着通过小说人物对读者进行道德训诫的传统，这一传统在狄更斯这里得到了进一步的发扬和深化。在《大卫·科波菲尔》这部带有自传性质的小说中，在主人公大卫身上，我们便能看到诸多19世纪英国社会所提倡的道德观念——勤俭节约、自立自爱、脚踏实地、吃苦耐劳。作者想向读者传达的是，哪怕当下的生活再困顿，只要坚守道德底线，并且向着目标坚持不懈地努力，就能收获成功。在意识到道德训诫力量的同时，狄更斯开始关注道德背后的人性以及社会的真相，这时狄更斯身上的乐观能量开始减弱，渐渐流露出一种无能为力的幻灭感与触碰到社会历史真相时内心深处的荒凉。

文坛巨星的陨落

　　童年时期父亲被关进监狱，使狄更斯不得不过早地承担起生活的重担，这段经历在他的人生中留下了不可磨灭的印记，甚至在成年后，狄更斯内心深处仍觉得："即便是现在，我出名了，受人爱戴了，也快乐了，在梦中我仍经常忘记我亲爱的妻子和孩子们；我甚至忘了我是个成年男人；我又重返生命中那段岁月里寂寞地徘徊。"[①]童年的狄更斯经常和父亲在罗彻斯特散步，那时候盖茨山庄便开始在他的心中成为一个魂牵梦萦的存在，或许正是幼年时对盖茨山庄的这份向往，激励着他在人生之路上不断探索。1856年狄更斯得知盖茨山庄即将被出售，他迅速买下了这座梦想中的山庄。在此定居后，狄更斯仿佛找到了人生的归宿，或许是喧闹的伦敦使他想要逃离，或许是他想要与过去的生活做一个了断，在搬家的过程中，他烧毁了之前与人往来的所有信件。

　　1870年，狄更斯的身体出现了不好的状况。一天晚饭前，他的身体终于支撑不住了，他想立即去往他又爱又恨的伦敦，那里有他的家乡，有他和家人一起度过许多幸福时日的道蒂街48号……6月9日，狄更斯因脑出血逝世于盖茨山庄，享年58岁。因为对罗彻斯特怀有格外独特的情愫，狄更斯生病期间立遗嘱时提到，希望死后能埋葬在罗彻斯特，那个令他魂牵梦绕的地方。但是因为狄更斯在英国文学史上的地位非常高，他的遗体最终被安放到了威斯敏斯特大教堂的诗人角。威斯敏斯特大教堂是英国地位最高的教堂，无论是国王加冕、皇室婚礼庆典，还是王室成员的葬礼，均在此举行，它也因此被誉为英国王室的石头史书。教堂的诗人角埋葬着牛顿、达尔文、法拉第、丘吉尔等伟人，他们与教堂一同铭记着泰晤士河沿岸的千年沧桑，见证着英国的历史兴衰，留给

---

① 钱皮恩. 狄更斯[M]. 咸姗姗, 译. 北京：外语教学与研究出版社，2005：37.

院中长椅

了后人宝贵的财富。狄更斯这颗文坛巨星在人世间陨落了,但是他留下的文字在茫茫宇宙中依旧释放着积极的能量。

人们对于狄更斯的评价是"英国文学史上批判现实主义的创始人和最伟大的代表者"。这无疑是对狄更斯文学造诣的高度肯定。那个时候,少有小说家在生前就享有盛誉,但狄更斯便是少数人中的一位。狄更斯生前便享誉文坛,深受大众欢迎,连女王也是他的忠实读者。狄更斯的小说因其丰富的内涵和独具特色的写作风格与艺术手法,成为英国小说史上的里程碑,不仅对英国文坛和社会的影响深远,而且给盖斯凯尔夫人、乔治·吉辛、亨利·詹姆斯、康德拉、萧伯纳、马克·吐温、杰克·伦敦等后世作家提供了源源不断的创作灵感。他的墓碑上写道:"他是贫穷、受苦与被压迫人民的同情者;他的去世令世界失去了一位伟大的作家。"狄更斯的作品之所以被称为经典,对后世产生深远影响,就是因为他的创作立足于英国小说传统并且植根于他所生活的城市——他灵魂的归宿和世俗生活的家园。

狄更斯清楚地意识到作家身上所担负的道德教化责任,他不仅以刻苦创作演绎了积极奋进的人生之路，而且通过作品引导读者以善良、忠诚、信任等美德去应对激烈变革的时代对人性造成的异化。事实上，狄更斯留给世界的遗产并不局限于其文学作品，他不仅关注社会，而且还积极投身到各种社会活动当中。艰难的成长经历使狄更斯在功成名就之后热衷慈善事业，资助修建了许多孤儿院与教育机构，他不愿看见贫困的孩子们像他一样，在应该接受教育的天真的年纪就过早地被推上为生计奔波的道路。同时，他为戏剧事业也提供了许多支持。历史的滚滚车轮已经向前行进了几百年，但是狄更斯作品中涉及的社会历史问题有很大一部分仍旧没有得到解决。尽管如此，我们还是选择相信人性中的真、善、美最终会战胜邪恶，人类社会终会在经历种种矛盾的艰难融合后走向和谐。

（撰稿：王雪）

参考文献

阿尼克斯特. 英国文学史纲 [M]. 戴镏龄,等译. 北京:人民文学出版社,1959.

布鲁姆. 西方正典 伟大作品和不朽作品 [M]. 江宁康,译. 南京:译林出版社,2011.

狄更斯. 狄更斯演讲集 [M]. 丁建民,殷企平,徐伟彬,译. 杭州:浙江文艺出版社,2006.

赖干坚. 狄更斯评传 [M]. 上海:学林出版社,2012.

杰克逊. 查尔斯·狄更斯——一个激进人物的进程 [M]. 范德一,译. 上海:上海译文出版社,1993.

牟雷. 雾都明灯——狄更斯传 [M]. 石家庄:河北人民出版社,1999.

钱皮恩. 狄更斯 [M]. 咸姗姗,译. 北京:外语教学与研究出版社,2005.

斯莱特. 狄更斯与女性 [M]. 麻益民,译. 天津:百花文艺出版社,1990.

夏洛蒂·勃朗特

霍沃斯是英国约克郡西部布拉德福德市的一个偏远村庄，位于本宁山脉的一条支脉之中。站在霍沃斯教堂的顶楼上远眺，绵延的荒原、起伏的山峦、陡峭的山坡、石砌的房屋等尽收眼底。正对着教堂的是一座素朴的、带有乔治时代风格的两层长方形石砌建筑，这就是著名的勃朗特故居博物馆。这里是继莎士比亚的故乡斯特拉特福之后最受欢迎的文学圣地，吸引着全球文学爱好者络绎不绝地来此缅怀勃朗特姊妹。沿狭窄的霍沃斯主街缓缓上行，石板路两侧全是内外花草灿烂、别致可爱的咖啡店、小商店、小餐馆、小旅店等，或装饰或售卖与勃朗特姊妹相关的各种纪念品。比较特别的是，这些店铺的经营者和服务员大多是勃朗特协会会员。在勃朗特故居博物馆外，悬挂着一个醒目的黑色铁艺指示牌，下面是一幅端坐书桌边、与孤灯为伴、奋笔疾书的女性剪影，引人遐想。

1820年2月，夏洛蒂不足5岁时，父亲帕特里克·勃朗特牧师因工作原因携全家入住了这所住宅，这是勃朗特家最后的定居之地，也是夏洛蒂一生居住之所。这座住宅见证了夏洛蒂

夏洛蒂·勃朗特故居（英国约克郡霍沃斯）

三十五年的风雨岁月、人生悲喜。伊丽莎白·盖斯凯尔夫人用"井然有序、精致洁净"来描述初次见到牧师住宅时的情形。现今的勃朗特故居博物馆，庭院已绿树成荫，草坪被精心修整。住宅旁边阴森凄凉的教堂墓地里，墓碑依旧林立。在住宅的侧后方，新增一处欧石楠花园，摆放着乔林斯·何奈雕铸的勃朗特三姐妹铜像，铜像临风而立、神态各异又极为传神：安妮安静地低头沉思；艾米莉左手抚胸，右手微抬，眺望远方；夏洛蒂则昂首挺胸，仰视苍穹。室内布局保持了当年的样貌，一楼起居室陈列着手稿、笔记、书信、报纸的评议、书籍等，厨房的布置十分温馨。二楼壁炉上方悬挂着乔治·里奇蒙制作的夏洛特画像：她双唇紧抿，眉宇间有淡淡的忧郁，露珠般晶莹的眼睛正目光炯炯地注视着人来人往。"那种严肃正经的镇定赋予她的面孔一种古老的威尼斯风格肖像画般的高贵。"① 夏洛蒂的婚房内则保留着小首饰盒、信件、手织的婴

---

① 盖斯凯尔. 勃朗特传[M]. 邹云, 等译. 北京：研究出版社，2017：73.

儿棉袜等旧物，还有她穿过的长裙、长袜、鞋子、手套等。最让人难忘的是夏洛蒂结婚时佩戴的纱帽，白色的软帽上饰有绿色的叶子，素朴雅净。粗犷辽阔的霍沃斯荒原和浓郁强烈的宗教氛围铸就了夏洛蒂独有的风骨。这位瘦弱命短、饱尝孤苦但才华横溢、精神昂扬的伟大女性作家，在写作的时候"总是雄辩滔滔、光芒四射、激情澎湃地说'我爱''我恨''我痛苦'"[1]，从而给现代文学留下如此清晰的烙印，吸引众多追随者走上这条独特的道路。夏洛蒂·勃朗特恰似荒原中盛开着铃形花穗的欧石楠，散发着独属于自己的芬芳，愈久弥香。

独特经历

1816年4月21日，夏洛蒂出生于英国桑顿的一个牧师家庭，排行第三，上有两个姐姐，下有一个弟弟、两个妹妹。父亲帕特里克·勃朗特出身于贫穷的农村家庭，但好学上进，从剑桥圣约翰学院学士毕业后成为牧师。母亲玛丽亚·布兰威尔是彭赞斯商人托马斯·布兰威尔的第三个女儿，娇小文雅、稳重坚定。由于恶劣的生活条件、低劣的医疗水平、孩子的连续降生，勃朗特太太的健康每况愈下，于1821年9月因病去世。本就恬静乖巧、悄无声息的孩子们变得更加安静、孤寂。幸好姨妈伊丽莎白·布兰威尔及时到来，尽心尽力地照顾他们，并把牧师住宅打理得井井有条。勃朗特家的孩子过的是普通又不寻常的生活：围坐在起居室，小声读书报、编写故事、演绎戏剧、谈论时事等。在仔细研读了勃朗特家的孩子早期的手稿后，英国女性传记家玛格丽特·莱恩写道："夏洛蒂的想象力是哥特式的，浪漫主义的……她的兴趣不仅涉及人物性格，也涉及景物描述。她的笔调，有时候是老练、大人气的，时常夸张而冗赘，但偶尔也很简洁生动，就像霍沃斯的石铺街道和狂风怒

---

[1] 伍尔夫. 一间自己的房间[M]. 吴晓雷，译. 西安：陕西师范大学出版社，2014：143.

号的天气,从一个想象中的非洲的矫揉造作的描写中横穿而过。"① 这种传奇文字想象的游戏训练,埋下了夏洛蒂日后成就文学佳作的种子。

勃朗特家的孩子一直在家里由父亲教导,自学五花八门的知识。直到北英格兰兰开夏的柯文桥女子寄宿学校开办后,夏洛蒂姐妹五人才被送入那里接受正规教育。学校创办者威廉·卡勒斯·威尔逊考虑到当时牧师收入有限,对每个学生每年只收取14镑的低廉学费,学校的日常所需费用依靠大量募捐来维持。姐姐玛丽亚与伊丽莎白难以忍受这里肮脏变质的饮食,更无法接受每个星期天必须顶风冒雨去汤斯道教堂做礼拜,还要经常在潮湿阴冷的教堂里吃冰凉的饭菜,刚患麻疹和百日咳病愈不久的两姐妹病情又急剧恶化,两人相隔三个月被相继接回家,又在短短一个月内前后离世。在柯文桥学校噩梦般的经历烙印在敏感多思的夏洛蒂心中,并化身为《简·爱》里的洛伍德学校。

两个姐姐离世后,夏洛蒂与妹妹回到了霍沃斯的家。不幸的身世造就了夏洛蒂极不寻常的性格。虽有姨妈的呵护与仆人塔比的照顾,夏洛蒂仍对年幼的弟妹怀有深深的责任感。1831年1月,快15岁的夏洛蒂进入玛格丽特·伍勒小姐的罗海德寄宿学校。好友玛丽·泰勒回忆初次见面时夏洛蒂的样子:发育不良、衣着古朴、举止安静、害羞胆小,像个小老太太。伍勒小姐是个优秀的教育从业者,她原本打算根据夏洛蒂进校时的情况把她编入慢班学习,谁料这一想法遭到好强自尊的夏洛蒂的痛哭拒绝。进入快班后,夏洛蒂刻苦学习,孜孜不倦地汲取知识。晚上的卧谈会上,夏洛蒂绘声绘色地编讲故事。她这种丰富的想象力,在朋友眼中就像"在地窖里种土豆"般旺盛。罗海德学校给予夏洛蒂的不仅有出类拔萃的学业、相知相交一生的两位密友——沉静安详的埃伦·纳西与直率叛逆的玛丽·泰勒,更有与伍勒小姐亦师亦友的情谊。

由于弟弟勃兰威尔要去皇家学院求学,艾米莉要到罗海德学校就读,

---

① 莱恩. 勃朗特一家的故事[M]. 杨静远, 顾耕, 译. 上海:上海译文出版社, 1990: 69.

而父亲薪水有限,为分担沉重的家庭责任,1835年7月,19岁的夏洛蒂决定在伍勒小姐的学校做教师,开始了三年的教书生涯。初任教时,熟悉的环境、和蔼可敬的伍勒小姐等都令夏洛蒂深感愉快。后来,伍勒小姐把学校迁到地势较低的迪斯伯里荒原,那里空气沉闷,夏洛蒂对新校址的环境很不满意。从早到晚单调苦闷的教书工作及细微烦琐的事务,让充满文学梦想与远大抱负的夏洛蒂感到疲惫不堪,安妮在学校生病又引发了夏洛蒂内心深处的恐惧。敏感与焦虑、迷茫与挣扎等复杂心绪慢慢摧毁了夏洛蒂的健康,她的身体虚弱到极致,精神彻底垮掉。不得已,夏洛蒂听从医生的建议回家休养。居家的自由安静、密友的温情陪伴让夏洛蒂的病情得到缓解,她重新开始做回真正的自己。

在19世纪,作为牧师的女儿,接受过教育的勃朗特姊妹只能选择到学校教书或做家庭教师来分担家用,养活自己。当时,家庭教师的处境很尴尬,地位低下、劳作繁重、待遇微薄、不受尊重,"处在东家和仆役之间的一个极不舒服的小小真空地带"[①]。夏洛蒂的家庭教师工作持续时间不长:1839年在斯基顿附近的西治威克家待了两个月,1841年在罗顿的怀特先生家工作了九个月。但这已足以让夏洛蒂深恶痛绝、忍无可忍。不喜与陌生人打交道的夏洛蒂,

故居小院

---

① 莱恩. 勃朗特一家的故事[M]. 杨静远,顾耕,译. 上海:上海译文出版社,1990:126.

勃朗特三姐妹雕塑

不知如何与孩子们沟通相处，孩子们的任性吵闹和恶作剧常常让她疲于应对。夏洛蒂无法做到全身心地将知识奉献给孩子们。担任家庭教师对艾米莉与安妮而言同样不是愉快的经历，需要她们做出几乎耗尽气力的长期努力。三姐妹的性情与家庭教师这个岗位的要求相差甚远。夏洛蒂姊妹的家庭教师体验，是写作《简·爱》的灵感和素材的鲜活源泉。

"办学"一度是夏洛蒂姊妹每逢沮丧时眺望的"北极星"。1842年，为了获得创办自己学校的资质，夏洛蒂与艾米莉选择去比利时布鲁塞尔的埃热寄宿学校留学。夏洛蒂喜欢当学生的状态："我渴望回归这种状态，就像一头长期以干草为饲料的奶牛渴望回去吃鲜草。"[1] 在按部就班、如饥似渴的异国求学过程中，好友玛丽·泰勒的妹妹玛莎突然离世，这个悲伤事件被夏洛蒂写入《谢利》。接着，姨妈因病逝世，夏洛蒂与艾米莉悲戚地回到牧师住宅。在埃热先生善意的建议下，1843年初，夏

---

[1] 盖斯凯尔. 勃朗特传[M]. 邹云，等译. 北京：研究出版社，2017：181.

洛蒂独自返回布鲁塞尔继续完成职业训练。由于勃朗特牧师视力衰退，艾米莉留下照顾父亲。1844年1月2日，夏洛蒂结束异国游学，回到霍沃斯。两年的布鲁塞尔之行让夏洛蒂收获颇丰：对杰出的法国文学名著系统的阅读、担当英语教师的教学实践、严冬深夜登渡邮船的经历、异国他乡的孤寂郁悒、思念亲人的牵挂担心、漫长假期的焦虑、半疯狂状态下向异教神父的忏悔、与周围天主教徒的宗教信仰冲突、对埃热先生的依恋敬仰等，这段五味杂陈、深彻肺腑的异国阅历，为夏洛蒂日后《教师》《维莱特》的写作积累了大量素材。三姐妹的办学计划也因勃朗特先生的眼睛问题搁置起来。

蜚声文坛

夏洛蒂13岁时与弟弟妹妹编写故事的文字游戏、自办袖珍杂志的书写实践等都预示了其作家之路的开始。1834年7月4日，夏洛蒂在回复埃伦的信中，推荐了一些经典阅读书目，作者有弥尔顿、莎士比亚、汤姆逊、哥尔斯密、蒲伯、司各特、拜伦、坎贝尔、华兹华斯、骚塞、休谟、罗兰等，作品涉及诗歌、剧作、历史、传记、自然史等领域。这些作品也是夏洛蒂文学创作的来源之一。

1836年12月29日，夏洛蒂鼓起勇气给"湖畔派"诗人罗伯特·骚塞写信，求教对她的诗作的意见。苦苦等待三个月后，夏洛蒂收到了骚塞的第一封回信，她的文学兴致与热望被泼了冷水——"文学不会也不应该成为女人一生的事业"[①]。但桂冠诗人的来信还是让夏洛蒂深感荣幸，她曾在信上写了一行字提醒自己："骚塞的忠告须永志不忘。记于21岁生日。罗海德，1837年4月21日。"[②] 表面上看，夏洛蒂接受了骚

[①] 盖斯凯尔. 勃朗特传[M]. 邹云, 等译. 北京：研究出版社, 2017：124.
[②] 勃朗特. 夏洛蒂·勃朗特书信[M]. 杨静远, 译. 北京：商务印书馆, 2015：19.

塞的"严厉"信件的善意劝告，但1837年3月16日，夏洛蒂在回复骚塞的信件中，还是难以抑制对文学的喜爱与追寻："你并没有禁止我写作……你亲切地允许我为写诗而写诗，在我完成了分内的职责以后，可以去寻求那种单纯的、引人入胜的、美妙绝伦的满足。"①夏洛蒂没有做一个无所事事的做梦者，而是默默地坚持写作。1846年的夏末，在曼彻斯特公寓孤寂清静的小客厅里，在陪伴父亲做白内障手术的一个月里，夏洛蒂笔耕不辍地创作长篇小说《简·爱》。这是一部描写一个自小孤苦伶仃、无财无貌的小女孩经历种种坎坷，最终成长为个性坚毅的独立女性的小说。女主人公的成长过程充满着痛苦、反抗与顿悟。《简·爱》书稿被送到史密斯—埃尔德出版公司的审读人威·史·威廉斯手里，他如同被施了魔法般，手不释卷地用了一天时间把它读完并决定出版。《简·爱》于1847年10月16日正式出版，大获成功。著名作家萨克雷事务繁多，但还是被《简·爱》深深吸引，全心投入地用一整天时间读完，盛赞《简·爱》是"多日来我读得下去的第一部英国小说"②。维多利亚女王对这部小说也爱不释手。由于19世纪英国女性地位远不如男性，女性写作也极其艰难，为使《简·爱》顺利出版，夏洛蒂不得已使用男性化的笔名"柯勒·贝尔"。而且，"隐姓埋名可以使她自由地表露她内在的热情诗意以及深邃的情怀……此外，她对真人真事的描写，太容易被人辨认出来，因而招惹是非"③。《简·爱》被当时的评论家认为是相当粗俗狂妄的。人们大部分的评论集中在猜测柯勒·贝尔是谁，是男还是女。《北不列颠评论》《经济学家》等站在性别角度评判《简·爱》，对此夏洛蒂愤怒地宣言"作者"才是评判作品优劣的唯一标准，而非性别意义上的男性或女性。

《简·爱》是一部极具浪漫主义色彩的现实主义小说，带有浓厚的

---

① 勃朗特. 夏洛蒂·勃朗特书信[M]. 杨静远，译. 北京：商务印书馆，2015：22.
② 勃朗特. 夏洛蒂·勃朗特书信[M]. 杨静远，译. 北京：商务印书馆，2015：95.
③ 莱恩. 勃朗特一家的故事[M]. 杨静远，顾耕，译. 上海：上海译文出版社，1990：203.

自传色彩,被视为夏洛蒂"诗意的生平写照"。女主人公因其独立不羁的个性、对爱情的忠贞坚守而成为维多利亚时期的小说中里程碑式的人物。

维多利亚时期,备受社会追捧的完美女性形象是十分标签化的,思想家约翰·拉斯金在散文《论女王的花园》中称家庭主妇为"家庭天使"——可爱、天真、贞洁、甘于奉献。柯文垂·帕特摩尔的诗作、狄更斯小说中的女性形象多为贤妻良母式,这才是男性眼中的理想女性,而机灵、果断、独立、有手段的女性会被打上"妖妇"的标签,为舆论所抵制。即便一些小说中涉及了职业女性,也大多被描绘成怪物。为打破男权文化中的女性定位与困境,深度展示觉醒的女性独立意识,头脑敏锐的夏洛蒂独辟蹊径地开创了写"丑"风气,创新性地塑造了一种新型女性形象。《简·爱》里的男女主人公一改传统文学中的俊男靓女、潇洒优雅形象。简"矮小不美",但敢于独立反叛,就像荒原的空气一样凛冽却沁人心脾。罗切斯特则是一个面容阴郁、体格强健、情绪多变、略带野蛮气息的"拜伦式特质"的粗砺男子形象。《简·爱》对女性的形体美与人格美进行了鲜明对照:英格拉姆小姐美貌迷人、家世显赫,却骄傲自负、头脑空虚、心田贫瘠;简矮小平凡、一贫如洗,却谦恭有礼、个性独立、灵魂高贵。简的干净灵魂超越了英格拉姆的好看皮囊,赢得了罗切斯特的倾心:"对那些只凭容貌取悦于我的女人,当我发现她们既没有灵魂又没有心肝时,当她们让我看到她们的平

故居正门

故居卧室

庸、浅薄，也许还有愚蠢、粗俗和暴躁时，我倒真是个十足的恶魔。可是面对这清澈的目光、雄辩的口才、如火的心灵、柔中有刚的性格时，我却永远是温柔和忠诚的。"①简的纯洁独立、自尊自强、自信进取等人格力量，不仅是丑的补偿，更是丑的升华，是更高境界的美！在后期作品《维莱特》中，夏洛蒂延续了这种"丑"的美学选择：露西·斯诺与简类似，保罗·埃马纽埃尔与罗切斯特相近。美国著名的女权主义学者阿德里安妮·利奇认为简的女性意识在当时的英国社会看来，实与阁楼上的伯莎·梅森一样疯狂。这种女性形象给英国文坛带来了强烈冲击，是继简·奥斯汀之后把英国的女性意识往前推进了一大步的成功创新。

《简·爱》之前，夏洛蒂的处女作《教师》完成于1846年6月，六次遭到出版社拒绝，直到她去世后的1857年才付梓。小说采用男性第

---

① 勃朗特. 简·爱[M]. 宋兆霖，译. 北京：商务印书馆，2015：290.

一人称讲述了主人公威廉·克利姆斯沃思的奋斗故事，被称为"没有穿裙子的简爱"，是夏洛蒂"少年时代狂想的终结和严肃的创作活动的起点"①。她试图实践新的创作理念，追求一种"朴素而家常"的文风。选用男性叙述者既是夏洛蒂运用男性声音赋予自己写作权威的体现，也是用一种客观化眼光看待叙述对象的尝试。虽然这部作品的故事有些平淡，情节也不出色，但盖斯凯尔夫人赞赏其对女性温文尔雅的描写极为卓越。

出版于1849年10月的《谢利》，是夏洛蒂在弟弟妹妹相继离世、自己身体虚弱无力的糟糕状态中创作的小说。在"死荫的幽谷"一章中，夏洛蒂集中表达了对逝去亲人的哀思。《谢利》"构筑在传闻的事实上，而不是发自个人激情的温泉"②。夏洛蒂力图突破自己的狭小天地，有些吃力地涉及了工人运动题材。这是英国文学中第一部反映破坏机器的卢德派运动的小说，也是一部带有明显萨克雷式风格的小说，更是作者描述社会全景的尝试。《谢利》结构松散、典型人物不突出，批评家乔治·亨利·刘易斯评判其毫无整体性，但它是真实的，夏洛蒂对现实描写得过于逼真，密友玛丽·泰勒一家、霍沃斯的牧师及副牧师、父亲与姨妈、周围的村民、约克郡的环境等都能从《谢利》中找到影子。霍沃斯的居民争相阅读《谢利》，几位副牧师的原型也得意扬扬地拿自己与同伴们取乐，有的还悄悄地改变了性格，变得亲切起来。夏洛蒂也没想到家乡人会对《谢利》如此喜爱。

1851年11月，夏洛蒂开始创作《维莱特》，此时的她由于肝脏感染只能喝流质食物，身体的虚弱导致其无法加快写作进度。1852年11月底，《维莱特》三卷手稿最终完成。这是夏洛蒂最后一部完整的自传体与女性自我成长主题的小说。《维莱特》融入了夏洛蒂后半生的主要经历和情感体验：生离死别、内心孤独、恋情难寄、挣扎奋进。有学者

---

① 杨静远. 勃朗特姐妹研究[M]. 北京：中国社会科学出版社，1983：4.
② 莱恩. 勃朗特一家的故事[M]. 杨静远，顾耕，译. 上海：上海译文出版社，1990：247.

把《维莱特》看作是夏洛蒂"真实的生平写照",是一部创伤记忆的艰难书写,"这本书的情调从头到尾是比较低沉的"①。《维莱特》的主人公露西·斯诺总体上是一个一无所有、细腻敏锐、自卑自傲又坚忍独立的姑娘。自幼漂泊不定的露西远走异国他乡,试图寻找女性的自我身份、独立价值与个人信仰。但信仰基督教的露西在维莱特城这个天主教城市中却倍感孤独无助,其人生最终以悲剧收场。夏洛蒂在一种微妙意念的驱使下,执意要给女主人公起一个"冷"的姓氏,因为露西有一副冷冰冰的外表,是既病态又软弱的。较之成名作《简·爱》,《维莱特》是夏洛蒂"最公开、最不顾一切地表达其女性主义思想的小说"②,在艺术成就上也更臻完美,更为成熟,尤其是还前卫性地设置了保罗生死未卜的开放式结局。

我们知道,作家丰富的想象力,是使一部作品让人信服的关键因素。盖斯凯尔夫人曾问夏洛蒂是否服用过鸦片,因为《维莱特》中描述的相关细节如此真实!夏洛蒂回答,这完全是她自己想象的结果。"许多个夜晚,入睡之前,她都会心无旁骛地思量,想弄清楚那是什么样子或者会是什么样子,有时候她的故事会在这个节点上耽搁数周才取得进展。直到最后,某天清晨醒来的时候,一切一目了然,就好像她在现实中经历了那种体验一样,然后她就可以一五一十地逐字描写。"③夏洛蒂的作品闪烁着奇异而生动的想象力之光,她反对太过"人为雕琢"。她对简·奥斯汀的小说有异议的原因主要就在于,她认为其缺少"真实与自然",太过主观虚假,《傲慢与偏见》就像一座用围墙严加防护的、精心侍弄的花园。

夏洛蒂成名后曾五进伦敦,一方面是与伦敦出版公司商议书稿的出

---

① 勃朗特. 夏洛蒂·勃朗特书信[M]. 杨静远, 译. 北京: 商务印书馆, 2015: 325.
② 吉尔伯特, 古芭. 阁楼上的疯女人: 女性作家与19世纪文学想象[M]. 杨莉馨, 译. 上海: 上海人民出版社, 2015: 508.
③ 盖斯凯尔. 勃朗特传[M]. 邹云, 等译. 北京: 研究出版社, 2017: 469.

版事宜，另一方面也是有意扩大自己的生活体验。夏洛蒂欣赏麦克瑞狄的歌剧表演，观看特纳的水彩画展，倾听萨克雷演讲，参观"水晶宫"博览会，还访问伦敦的纽哥特监狱、潘顿维尔监狱和弃儿医院等。伦敦的活跃、喧杂与牧师住宅的阴郁、寂寥使夏洛蒂形成奇异又极端的生活感知。在伦敦"紧张兴奋的大漩涡"似的社交生活中，与夏洛蒂关系密切的是萨克雷、盖斯凯尔夫人。包括夏洛蒂遗憾没能结识的狄更斯在内的这四人被马克思赞誉为"现代英国的一批杰出的小说家"①，这绝不是巧合或偶然，恰恰说明夏洛蒂与其他三位同属批判现实主义类型。作为一位女性作家，夏洛蒂明确表示自己有通过文学揭露社会的不平、激励民众奋起抗争的责任。她对斯托夫人在《汤姆叔叔的小屋》中表现的重大主题及事件钦佩不已且甘拜下风。

故居展室

---

① 马克思. 英国资产阶级//马克思，恩格斯. 马克思恩格斯全集：第10卷[M]. 中共中央马恩列斯著作编译局，编译. 北京：人民出版社，1962：686.

尘世情缘

对两个姐姐年少离世的伤感、与聪颖弟妹们的朝夕相处、天生强烈的责任感,都使得夏洛蒂无比珍视手足情。从1832年离开罗海德回到牧师住宅,直到1835年再次返回伍勒小姐的学校的这段时间,夏洛蒂与弟弟妹妹们度过了一段难得的宁静时光。离校三个月后,第一次离开霍沃斯的夏洛蒂带着弟弟去好友埃伦家住了两个星期。1833年夏天,埃伦回访,亲身感受到夏洛蒂姐弟生活的充实与快乐。天气晴朗宜人时,大家去荒原遨游,观溪水汇流,逗弄小蝌蚪。然而,美好时光总是匆匆而过,疾病、死亡频繁造访牧师住宅,成为笼罩在勃朗特家上空的阴霾。

勃兰威尔是家族中唯一的男孩,年少时便爱好文学,有梦想追求,还有绘画天分。他曾经画过一幅三姐妹的油画,盖斯凯尔夫人细致描绘道:"画像与她本人相似得惊人……这幅画在将近中间的地方被一根巨大的柱子分开。柱子的一侧被阳光照亮,站在那儿的夏洛蒂穿着当时的羊腿袖和大领女装。阴影浓重的一侧是艾米莉,还有安妮搁在她肩膀上的温和面庞。给我留下印象的是,艾米莉充满力量的表情,还有夏洛蒂满脸的关怀和安妮的温柔面容……画布上的她与她们分开站立,而那根柱子便隔开了她们的命运,就好像生活中的她还活着一样。"[①] 勃兰威尔一画成谶,预言了夏洛蒂姐妹的命运。遗憾的是,勃兰威尔并没有成为一名画家,被全家宠溺的后果是,他狂妄自大、目标动摇、软弱无力,特别是为情痴妄。在罗宾森先生家做家庭教师时,他爱恋上罗宾森夫人,因此被遣回霍沃斯。自此,他的雄心壮志烟消云散了,酗酒吸毒,于1848年9月24日死去,徒留悲伤、羞辱于亲人。夏洛蒂既对弟弟的死感到惋惜,又对他虚度的一生感到心痛。

---

① 盖斯凯尔. 勃朗特传[M]. 邹云, 高爽, 郭佳, 等译. 北京:研究出版社, 2017:105.

迷恋霍沃斯荒原，喜欢自由自在的艾米莉顽强又执拗。因身体受寒，感冒转为肺结核后，她咳嗽急促、胸疼不止、发烧不退，但仍不接受同情与帮助，不就医不服药，更不卧床休息，坚持处理日常事务。夏洛蒂对此忧心忡忡。最终，疾病还是夺走了艾米莉短暂的生命，夏洛蒂悲愤地指出：艾米莉的生命如一丘碧禾被夷平，一株结实累累的树被从根砍倒。夏洛蒂对艾米莉的才华盛赞不已，认为《呼啸山庄》气势磅礴、令人惊叹，但"有一种压抑感。它几乎不让读者尝到一点纯净的、不掺杂质的愉快；每一缕阳光照射下来，都要透过阴霾的云层的障壁；每一页都过重地负荷着某种道德上的雷电"①。艾米莉之死使得牧师的住宅笼罩着阴郁的空气，夏洛蒂心灰意冷。紧接着，上帝的残酷考验再次降临，安妮肺部也受到感染，痊愈的希望渺茫。夏洛蒂"常感到像一个走在窄木条上跨过深渊的人"②，战战兢兢、如履薄冰，又不得不心无旁骛、鼓足勇气前行。安妮安详温顺地接受了命运无情的安排。医生建议她去气候较好的地方疗养，1849年5月25日，夏洛蒂满足安妮的心愿，陪同她去了英国东海岸的海滨胜地——斯卡博罗。三天后，安妮以一种基督徒式的信念，宁静地含笑走向了永恒。为减轻勃朗特牧师的痛苦，安妮的遗骸被留在了斯卡博罗。

1848年至1849年，弟弟妹妹一个接一个地如梦如露般消逝了。等夏洛蒂再次回到牧师住宅时，这里早已物是人非。昔日热闹欢乐的餐厅变得空荡悲凉，令人痛彻心扉。夏洛蒂熬过凄惨的黄昏，熬过孤寂的夜晚，又熬过悲哀的早晨。她食无味，寝难眠，"独坐静室，听滴答钟声响彻整所悄无声息的房子"③。面对命运的无情、悲苦，夏洛蒂依然坚信上帝是智慧、仁慈的。神圣庄严、不可推卸的责任感，一如既往地支撑她顶风逆浪地活下去。写作是治疗悲痛的良方，《谢利》后三分之一的

---

① 勃朗特. 夏洛蒂·勃朗特书信[M]. 杨静远，译. 北京：商务印书馆，2015：276-277.
② 勃朗特. 夏洛蒂·勃朗特书信[M]. 杨静远，译. 北京：商务印书馆，2015：181.
③ 勃朗特. 夏洛蒂·勃朗特书信[M]. 杨静远，译. 北京：商务印书馆，2015：204.

书写把夏洛蒂从黑暗荒凉的现实里解脱出来,带到虚拟却较快乐的艺术境界,从而让夏洛蒂心怀希望地走下去。

夏洛蒂曾有过终生独身的打算。她声称自己绝不会为了赢得结缡的荣耀和逃避做老姑娘的耻辱而随便嫁给一位男子,只有能吸引她强烈爱恋、崇拜对方甚至甘愿为对方去死的男性才能成为她未来的丈夫。夏洛蒂拒绝了两位副牧师及出版公司詹姆斯·泰勒的求婚,却最终被副牧师亚瑟·尼科尔斯赢得芳心。1852年12月,在霍沃斯当副牧师快八年的尼科尔斯一如既往地来牧师住宅喝茶,敏感的夏洛蒂却觉察到他的目光频频射向自己,且"带有一种奇怪的狂热的压抑感"①。晚上九点左右,被允许进入夏洛蒂房间后,尼科尔斯"从头到脚瑟瑟发抖,脸色煞白,语声低哑急切却异常吃力"②地请求夏洛蒂给他一线希望!夏洛蒂对尼科尔斯的炽热情感感到异常震惊。勃朗特牧师听闻此事,激烈反对这宗降低身份的婚配。尼科尔斯属于"专情于极少数人"的一类人,"他的感情狭而且深——如同一条地下河道,汩汩流涌,然而被锁闭在一个狭窄的河床里"③。他一直默默爱着年龄几乎可以做他女儿的夏洛蒂。被拒绝后,尼科尔斯消极被动、心神不宁,但仍一丝不苟地执

故居小窗

---

① 勃朗特. 夏洛蒂·勃朗特书信[M]. 杨静远, 译. 北京: 商务印书馆, 2015: 332.
② 勃朗特. 夏洛蒂·勃朗特书信[M]. 杨静远, 译. 北京: 商务印书馆, 2015: 332.
③ 勃朗特. 夏洛蒂·勃朗特书信[M]. 杨静远, 译. 北京: 商务印书馆, 2015: 334.

行临时教职。他不与勃朗特牧师见面，也不答应勃朗特牧师放弃追求夏洛蒂的要求。夏洛蒂在 1853 年 5 月 16 日给爱伦的信中提及自己在圣灵节将临的礼拜日贸然走进教堂参加圣礼，这让尼科尔斯瞬间失去了自制力，站在会众前，浑身战栗，结结巴巴。远走柯克密尔顿之前，尼科尔斯来到牧师住宅做最后告别，他的剧烈痛苦引起夏洛蒂的同情与关切。于是，在夏洛蒂的允许下，两人瞒着父亲，秘密地通信与会面，彼此加深了了解。几经周折，尼科尔斯全心全意的情感投入、对勃朗特牧师的忠诚与周到考虑等，最终感动了勃朗特牧师，他答应了他们的婚事。

  1854 年 6 月 29 日，夏洛蒂与尼科尔斯在霍沃斯教堂举行了简朴的婚礼。在随丈夫去爱尔兰老家蜜月旅行期间，夏洛蒂对丈夫的爱恋和尊敬与日俱增。在爱尔兰西南海岸，夏洛蒂想默默观看海浪与岩石的恶战，尼科尔斯尊重她的意愿，细心地给她披上一条毯子，并在附近谨慎守护。婚姻生活逐渐改变了夏洛蒂，她多数时间忙于主妇家务与乡村牧师贤内助的事务。"忠诚不渝的基督徒和好绅士"是村民们对尼科尔斯牧师的赞词，夏洛蒂对此深感荣耀。繁忙之余，夏洛蒂与丈夫也有浪漫的独处时光。有一天，尼科尔斯提议去观看荒原瀑布，"那瀑布确实妙不可言，恰似一道山洪，雪练般风姿绰约，从山岩顶上直泻而下"①。景色虽美，但突遇暴雨，夏洛蒂病倒，却也因病与丈夫更贴心。庆幸与丈夫的结合，是一个女人在今世获得的最大安慰！就在弥留之际，夏洛蒂还曾无限留恋地对丈夫说："噢，我该不是要死了吧？上帝不能分开我俩，我们是多么幸福啊！"②

---

① 勃朗特. 夏洛蒂·勃朗特书信[M]. 杨静远，译. 北京：商务印书馆，2015：379.
② 勃朗特. 夏洛蒂·勃朗特书信[M]. 杨静远，译. 北京：商务印书馆，2015：373.

美丽心灵

居住环境闭塞，与村民刻意疏离，夏洛蒂的日常生活似乎无比孤寂。但心灵充盈的人，与一草一木、一花一叶都有交流。霍沃斯荒原虽不是如诗如画，却也有大片的灌木、紫色的欧石楠、葱绿的农田等。勃朗特家的六个孩子幼年时期携手散步的笨拙身影成为许多村民的美好回忆。年岁渐增，夏洛蒂姐妹闲看云卷云舒，静观花开花谢，时而也会下溪谷涉山涧。大自然的广袤深邃、神奇变幻、壮观美丽、震慑心魄，带给三姐妹独有的内心体验与感悟，更带给她们力量与勇气去面对生活的凌厉考验。对夏洛蒂而言，笔下细腻描摹的、生气灌注的自然景象，"不是为了装点枯燥的书页，也不是为了炫耀作家的眼力——而是为了寄之以情，彰显作品的意义"①。《教师》里的威廉漫步花园，与弗朗西斯邂逅山头墓地且并行于林荫道中。《维莱特》里有对大自然背景的描绘，露西走动最多的是庄园、校园后的花园，结尾处的"大风暴"则强化了保罗存亡不定的命运结局。《简·爱》中的风景描写更是作者"用一支笔蘸着心灵的经验来着色的"②，自然景物成为主人公心灵历程的衬托：罗切斯特求婚时果园里七叶树的毁坏预示二人婚姻的曲折痛苦；教堂婚变时的"积雪压坏了盛开的玫瑰"暗喻简的绝望心境；简伤心离开桑菲尔德庄园后，无处安身之际，是大自然给了她力量和勇气。夏洛蒂用独特的视角表达对自然的感激、敬畏与依托之情。《简·爱》里"火""月亮"等象征意象的使用更是内涵丰富。夏洛蒂作品里的自然景象，没有奥斯汀《傲慢与偏见》里的柔和与宁静，而更多的带有生命的痛感。也正是这种激流漩涡、电闪雷鸣、神秘莫测的自然环境，最终使她笔下的人物

---

① 伍尔夫. 一间自己的房间[M]. 吴晓雷, 译. 西安: 陕西师范大学出版社, 2014: 142.
② 杨静远. 勃朗特姐妹研究[M]. 北京: 中国社会科学出版社, 1983: 145.

获得一种神奇的力量，从而变得宁静安详。

夏洛蒂内心向暖、心灵富足，不仅恪守本分，还能推己及人："我们最好忘记自己，深切地关注他人的疾苦、损失、奋斗和困难。"①勃朗特牧师家的仆人们称赞夏洛蒂自小就非常善良，特别是把仆人塔比视为"家庭的一员"。当年近七十的塔比因摔倒导致腿部骨折时，正是伍勒小姐的学校搬迁新校址、夏洛蒂备受煎熬的时期。塔比养伤期间，布兰威尔姨妈考虑到勃朗特牧师薪水较少的窘迫和外甥女们因照顾塔比无法放松的现状，力劝勃朗特牧师把塔比送到她妹妹那儿，但这个决定遭到了勃朗特姐妹的绝食抗议。塔比留了下来，勃朗特姐妹对她细心照料直至她康复。塔比近八十岁时，夏洛蒂找了一个姑娘帮她做家务，但塔比坚持为晚餐削土豆皮。她视力不好，常常漏掉土豆上的黑色斑点。夏洛蒂不忍伤害她的自尊心与忠诚，经常溜进厨房，趁塔比不注意，悄悄拿走蔬菜筐，仔细挖去土豆上的斑点后再悄悄放回原处。即便是灵感迸发、"着魔"般写作《简·爱》时，她也会中断写作，坚持如此！

对夏洛蒂细致心思的解读，盖斯凯尔夫人的一个说法饶有趣味：初见夏洛蒂时，她的"小手"令人印象深刻，"是我见过的最小的手脚，她的一只手放在我的手里，就像是一只鸟儿轻轻地触碰了我的掌心。纤弱的长手指有种特别精致的感觉，这就是她所有的手工制品，不管什么类型——写作、缝纫、编织——都如此细致入微的原因"②。现实生活中的夏洛蒂心灵饱满坦荡。她对老师康斯坦丁·埃热的情感，虽略有一个学生对恩师爱慕的成分，但仅从留存的四封信件中，我们不能简单或狭隘地推断夏洛蒂狂热地爱上了埃热先生。夏洛蒂的这种情感我们可以理解，试想第二次回到布鲁塞尔的夏洛蒂，孤身一人、病痛缠身、生活单调、孤独无依、情绪忧郁、彻夜难眠，处于崩溃边缘，身边长者的一点点关

---

① 勃朗特. 夏洛蒂·勃朗特书信[M]. 杨静远, 译. 北京：商务印书馆，2015：313.
② 盖斯凯尔. 勃朗特传[M]. 邹云, 等译. 北京：研究出版社，2017：72-73.

怀就如救命稻草,她自然会不自觉地视其为知己。夏洛蒂感激埃热夫妇对自己与艾米莉生活的关怀及费用的减免,感激埃热老师的法语课程的独特设计,感激埃热夫妇对自己在寄宿学校当英语老师的周到安排,感激埃热先生对自己姨妈离世的同情与安慰……这种感恩使夏洛蒂理性地克制内心情感的震荡,"发乎情止乎礼"。信中虽提及打算用法语写一本奉献给他的书,又担心埃热先生的疏远以及渴望其回信等,但更多的是对长者教诲的依恋、信任与祝福:"你的和蔼亲切永不会从我记忆中消失。这记忆存在多久,它在我心中激起的敬仰就存在多久。"[1]对史密斯—埃尔德出版公司的威·史·威廉斯和乔治·史密斯的知遇之恩,夏洛蒂同样是满怀感激。

夏洛蒂二进伦敦时,不愿过多周旋于伦敦文学的小圈子里。她认为不加选择的应酬容易导致时间的浪费和心性的庸俗。夏洛蒂对文坛巨匠萨克雷推崇至极,珍惜与其接触交流的任何机会。1851年5月底,夏洛蒂听了萨克雷四次气势恢宏的文学讲演,特别欣赏其中那种只可意会不可言传的绝妙情趣和萨克雷演讲时从容不迫的风度。由于公爵夫人和侯爵夫人们要陪同女王参加一年一度的爱斯特赛马会,萨克雷便答应她们的殷切请求而推迟了计划中的演讲。鉴于萨克雷的这种做法,夏洛蒂视其为"把自己出卖给贵夫人们"的"奴仆"[2],拒绝了萨克雷引荐其结识权贵的机会。夏洛蒂不贪恋镜花水月,也不因名利而失去自己的价值判定,独行的灵魂带着特有的香气。夏洛蒂与盖斯凯尔夫人性情相投、才智相当,结为高洁之友。在互访互助的亲密交往中,两人总是相谈甚欢。夏洛蒂与挚友埃伦·纳西、玛丽·泰勒的一生情谊,如同一粒种子,慢慢变成一棵幼苗,最后长成一株茁壮的大树。埃伦的沉静安详与玛丽的直率坚强都是对夏洛蒂的心灵慰藉。夏洛蒂写给

---

[1] 勃朗特. 夏洛蒂·勃朗特书信[M]. 杨静远,译. 北京:商务印书馆,2015:66.
[2] 勃朗特. 夏洛蒂·勃朗特书信[M]. 杨静远,译. 北京:商务印书馆,2015:306.

埃伦的 500 多封书信就是"一颗炽热的心和多思的头脑的自然流露，一个过于饱满的心灵不可抑制的外溢"①。

女性先驱

父亲凯尔特式的浪漫气质、母亲英格兰式的严谨作风，共同造就了夏洛蒂鲜明的奇特性格：既充满激情、幻想，勇于奋斗、反叛，又稳重、克制，重视责任、规则。这种火与冰相糅合、相冲突又相制约的性格，使得夏洛蒂外表素朴沉静而内心波澜起伏，其作品中的女性形象所呈现出的多面立体、震撼闪耀的特点与此不无关联。纵观夏洛蒂的短暂人生，尽管尘世多变、历经磨难悲欣，她依旧坚信人性的纯真美好，依旧赞叹生命的柔韧坚毅。"那安静而娇小的身躯里蕴藏着一股如火般燃烧的生命力，没有什么可以冰冻或熄灭那力量。"②夏洛蒂坚持自我，活出了真实的自己与美好的理想。夏洛蒂自身及其作品中的女主人公们，也化身为指引女性前行的灯塔之光，明亮而温暖：《教师》中自尊自强、自我奋斗的弗朗西丝·亨利，《谢利》中倾心男家庭教师又才貌出众的谢利·基达尔，《维莱特》中孤苦无依却渴望爱情的露西·斯诺，无不如此。特别是《简·爱》中断然说出"我就是我"的简，更是此中代表。不同时代、年龄、教养、学派的读者都能从中找到共鸣，成为自身成长与自我定位的参照。

19 世纪中叶，英国女性人口超过男性五十余万人，大约四分之一的女性要独立谋生。上层女性以婚姻为出路，中下层女性只能教书、做裁缝或洗衣服等。维多利亚时代虽是女性写作空前繁盛、女性作者主导当时的报刊的时代，但女性写作仍不被社会倡导，男性作家与评论家更

---

① 勃朗特.夏洛蒂·勃朗特书信[M].杨静远，译.北京：商务印书馆，2015：7.
② 盖斯凯尔.勃朗特传[M].邹云，高爽，郭佳，等译.北京：研究出版社，2017：387.

故居侧景

反对女性从事写作,认为那既损耗精力,也不符合主流价值观念——女性的责任就是做谦卑温顺的家庭天使。夏洛蒂深刻体会到社会对待女性的不公,以及自身努力平衡女性"夏洛蒂"和作家"柯勒·贝尔"两种角色的艰难。她不遗余力地在作品中描述孤独无助的女性的艰难成长历程,赋予她们一定的社会位置,从而能够和那些拥有婚姻家庭、经济来源的女性相提并论。在英国文学史上,夏洛蒂的《简·爱》匠心独运地刻画了一种不同寻常、惊世骇俗的女性形象,"传出了一位感情奔放也敢于倾吐感情的自由叛逆女性的呼声"[1],成为反抗父权压抑而寻求男女平等与女性真正独立自主的第一部现代女性小说,其"最深刻的创新是把维多利亚时代女性的心理构成裂化为精神和身体这两极,并分别用海伦·伯恩斯和伯莎·梅森这两个人物外在化地表现了处于两极的心理成

---

[1] 桑普森. 简明剑桥英国文学史[M]. 刘玉麟,译. 上海:上海外语教育出版社,1987:230.

分"①。桑德拉·吉尔伯特与苏珊·古芭则把夏洛蒂作品中的女性们视为"夏洛蒂·勃朗特的幽灵自我"②,是对社会性别带给女性"沉甸甸的分量"的愤怒反抗。

夏洛蒂的作品虽表现出强烈的女性自我觉醒意识,但按照现代意义上的女权主义标准来看,夏洛蒂生活圈子的狭小、传统理念的强大,还是影响了她反抗的彻底性,令她挣扎之后不自知地又陷入男性文化的藩篱——"贤妻良母"回归了家庭幸福,不自觉地把男性视为生活的轴心,无意识地重构了传统。《简·爱》里的简与罗切斯特厮守在与世隔绝的芬丁庄园里,寓意着只有逃离到偏远的森林深处才能得到梦想的幸福;《教师》中的威廉是弗朗西丝知识上的、精神上的主人并一直将她囿于自己的权威庇护之下;《维莱特》中的露西也是在保罗的协助下才能创办学校。我们并不否认夏洛蒂对女性命运的思考存在时代的局限,对女性真正踏入社会所需的努力并未深入触及,但是,她还是做出了所处时代中对女性最好的定义:既自立自强、勇于进取,又适时抉择、尽职尽责;即便身有枷锁,也要戴着镣铐跳舞,抗争仍是必要的!不过,这种抗争不是与男性的绝然对立或与家庭婚姻的极端割裂。

随着20世纪70年代生态女权主义的兴起,夏洛蒂的作品备受青睐。不同国度的学者们纷纷从男性与世界、女性与自然的角度深度解析《简·爱》《维莱特》等作品,充分展现出夏洛蒂的作品意蕴无穷的阐释空间。时至今日,描绘了"杰出的生气勃勃的个性"的《简·爱》依旧闪耀迷人。简灵魂干净高贵,看到诱惑却选择正直,看到欺骗却选择真诚,看到罪恶却选择善良。这种由里到外的"净气",清香四溢!简的爱不是卑微到尘埃、完全失去自我的爱,她有自己的自尊与自强,有自己的

---

① 肖瓦尔特.她们自己的文学——英国女小说家:从勃朗特到莱辛[M].韩敏中,译.杭州:浙江大学出版社,2012:103.
② 吉尔伯特,古芭.阁楼上的疯女人:女性作家与19世纪文学想象[M].杨莉馨,译.上海:上海人民出版社,2015:396-559.

原则与坚持。简拒绝华服珠翠并打算婚后保持教职,"实在受不了让罗切斯特先生把我打扮得像个玩偶"。简清醒地看到罗切斯特与伯莎·梅森"体面婚姻"背后的功利真相,理智地拒绝表兄圣约翰以上帝或神性名义扼杀人性的"使命婚姻",注重与罗切斯特心意相通且志趣相投的"灵魂婚姻"。获得巨额财富后的简重回罗切斯特身边,心甘情愿地做他的眼睛与拐杖,成为彼此"骨中的骨,肉中的肉",他们"守在一起既像独处时一样自由,又像在伙伴们中间一样欢乐"。婚姻最美好的境界不过如此吧!夏洛蒂借助《简·爱》启示我们:真正觉醒的女性,不会因男人浓浓的爱意而遮蔽双眼、迷失自己,也不会因婚姻的烟火气息而失去自我。

当我们心怀敬意,行走在霍沃斯荒原,仰望高大的教堂,巡视林立的墓碑时,伴随着呼啸的冷风,夏洛蒂的气息重新包围了我们,"你以为因为我穷、低微、不美、矮小,我就没有灵魂,没有心吗?不!……我的心灵在跟你的心灵说话……因为我们本来就是平等的!"这声音穿过林间,涌进人群,回荡在勃朗特故居博物馆的上空,引领着我们的心灵。夏洛蒂·勃朗特永远与我们同在!

(撰稿:王金凤)

参考文献

勃朗特. 简·爱[M]. 宋兆霖,译. 北京:商务印书馆,2015.

勃朗特. 夏洛蒂·勃朗特书信[M]. 杨静远,译. 北京:商务印书馆,2015.

冯茜. 英国的石楠花在中国:勃朗特姐妹作品在中国的流布及影响[M]. 北京:中国社会科学出版社,2008.

盖斯凯尔. 勃朗特传[M]. 邹云，等译. 北京：研究出版社，2017.

吉尔伯特，古芭. 阁楼上的疯女人：女性作家与19世纪文学想象[M]. 杨莉馨，译. 上海：上海人民出版社，2015.

莱恩. 勃朗特一家的故事[M]. 杨静远，顾耕，译. 上海：上海译文出版社，1990.

马克思，恩格斯. 马克思恩格斯全集：第10卷[M]. 中共中央马恩列斯著作编译局，编译. 北京：人民出版社，1962.

桑普森. 简明剑桥英国文学史[M]. 刘玉麟，译. 上海：上海外语教育出版社，1987.

史汝波. 母爱的缺席与母爱的在场——《简·爱》解读[J]. 山东大学学报（哲学社会科学版），2004（2）.

吴少平. 圣洁简爱：夏洛蒂·勃朗特[M]. 北京：民主与建设出版社，2012.

伍尔夫. 一间自己的房间[M]. 吴晓雷，译. 西安：陕西师范大学出版社，2014.

肖瓦尔特. 她们自己的文学——英国女小说家：从勃朗特到莱辛[M]. 韩敏中，译. 杭州：浙江大学出版社，2012.

肖英. 女性话语的童话化变奏——从简·奥斯丁到夏洛蒂·勃朗特[J]. 江西社会科学，2010（6）.

杨静远. 勃朗特姐妹研究[M]. 北京：中国社会科学出版社，1983.

殷企平. 推敲"进步"话语——新型小说在19世纪的英国[M]. 北京：商务印书馆，2009.

周颖. 想象与现实的痛苦：1800—1850英国女作家笔下的家庭女教师[J]. 外国文学评论，2012（1）.

屠格涅夫

从 18 世纪开始,沙皇俄国走上了对外侵略扩张的道路,连续吞并欧亚多个国家,领土不断扩张。到了 19 世纪,俄国土地广袤,幅员辽阔。受农奴制影响,俄国的农村地区出现了大量的庄园,19 世纪中叶,俄国贵族庄园便已经遍布全国,到 19 世纪末,俄国至少有八万座贵族庄园。其中有一座庄园,它不仅仅是一座"贵族之家",更因为文学巨子伊万·谢尔盖耶维奇·屠格涅夫在这里创作了大量传世的文学作品而在世界文学史中熠熠生辉,这就是斯帕斯科耶－卢托维诺沃庄园。

作为 19 世纪俄国最著名的批判现实主义作家之一,屠格涅夫一直将斯帕斯科耶－卢托维诺沃庄园视为自己的精神归宿。屠格涅夫共在庄园生活了长达三十年之久,写下了许多不朽的名篇。他一生中写的七部长篇小说,其中有五部——《罗亭》(1855)《贵族之家》(1858)《前夜》(1859)《父与子》(1861)《烟》(1867),都是在庄园中写就的。

斯帕斯科耶－卢托维诺沃庄园位于奥廖尔市,距今已有两百多年历史,可谓历尽沧桑。在俄语中,"奥廖尔"是雄鹰的意思。

屠格涅夫故居（俄罗斯奥廖尔）

从奥廖尔火车站出来，便可以看到一座雄鹰雕像。相传伊凡大帝在建奥廖尔城砍下第一棵树时，惊飞了一只雄鹰，人们认为这是吉祥之物，所以此地便以"奥廖尔"为名，即"雄鹰"。第二次世界大战期间，斯帕斯科耶 – 卢托维诺沃庄园被战火蹂躏得面目全非。1976年，苏联政府在原有的地基上将这栋庄园复原。

如今庄园已经变成了俄罗斯国家遗产保护区，精心保存着庄园内部每一个角落，整个国家都在向屠格涅夫致敬。俄罗斯素有尊崇自然的传统，斯帕斯科耶 – 卢托维诺沃庄园的设计也尊崇了顺应自然环境的原则，种植的草木与当地气候相适宜，不事修饰，追求荒野情趣的浪漫氛围。当清晨和煦的阳光照亮沉睡的绿草地，树木掩映下的斯帕斯科耶 – 卢托维诺沃庄园也渐渐苏醒过来，白墙红瓦、青松翠柏相映成趣。

为了纪念屠格涅夫，当地人还在奥廖尔市内建立了纪念馆，方便世界各国的游客前来拜访。纪念馆位于奥廖尔市屠格涅夫街11号，始建于1918年11月屠格涅夫诞辰一百周年之际。馆内保存着众多老照片和屠格涅夫的手迹，最大程度上还原了屠格涅夫在庄园里的生活。

文学启蒙

1818年10月28日上午12点,屠格涅夫在斯帕斯科耶-卢托维诺沃庄园出生。庄园坐落在俄国西南部城市奥廖尔,奥卡河及其支流奥尔利克河在这里穿城而过,这条河流哺育了俄国历史上诸多文化名人。屠格涅夫的父亲谢尔盖·尼古拉耶维奇曾经担任过骑兵团团长,屠格涅夫的母亲瓦尔瓦拉继承了其叔父的千顷良田以及数千农奴,屠格涅夫的家族是奥廖尔最富有的地主家庭。

屠格涅夫的母亲瓦尔瓦拉的经历和性格对小屠格涅夫的个性养成和文学创作都产生了极为重要的影响。瓦尔瓦拉年少时饱受继父的折磨,并被迫离家出走,投奔为人吝啬的叔父。但这不如意的遭遇,竟使她意外地成了叔父的唯一财产继承人。后来,她嫁给了一位家道没落却容貌出众的骑兵团团长——谢尔盖·尼古拉耶维奇。然而,谢尔盖·尼古拉耶维奇从不参与庄园的管理,他只关心奥廖尔周边地区的风流韵事。瓦尔瓦拉性格专横多变、急躁冷酷,对农奴近乎残忍。她对农奴有十分严

故居大门

格的规定，比如必须在上午的十点到十二点捉鱼，下午三点钟吃午饭。瓦尔瓦拉不仅要求农奴遵守这样严格的作息时间，而且让家庭成员、外来访客等整个庄园的人共同来遵守，她因此还专门写了一本名为《日程》的书。更有甚者，瓦尔瓦拉为了镇压农奴的反抗，不惜干预农奴的私生活，还专门编写一册《奖惩录》，以自己拟定的方式对农奴进行奖罚，从而对其身心进行完全控制。①

有一次，瓦尔瓦拉听信了他人的诽谤，鞭打了小屠格涅夫。在感受到身体上的疼痛和心灵上的屈辱时，小屠格涅夫下定决心自己长大之后绝不会鞭打任何人，当然包括总是忍受鞭打与屈辱的农奴。每当看到农奴因违抗母亲的命令而被鞭打或流放时，小屠格涅夫就会跑到母亲那里请求她取消惩罚。在屠格涅夫看来，买卖农奴是一种十分野蛮的行为。有一次，屠格涅夫的母亲决定将一个女奴卖给一个冷酷无情的地主，屠格涅夫在对母亲劝说未果后，竟然在面对警察时拔出枪，宣告自己绝不会交出女奴，此事最后以他母亲向对方缴纳大量的违约金而告终。

母亲的残暴性格给屠格涅夫留下了巨大的阴影，而且，在屠格涅夫的成长过程中，父亲几乎是缺席的，正如屠格涅夫在自传性中篇小说《初恋》中所写的，父亲谢尔盖·尼古拉耶维奇是一名高大帅气的军官，娶了比自己年长的富有的女地主，婚姻并不幸福，他只管享乐，不问家事，严肃冷淡。屠格涅夫继承了父亲高大威武的外表和敏感怯弱的个性，但比父亲多了一份对善良的坚持。尽管屠格涅夫家境殷实，但因家庭氛围并不和谐，屠格涅夫在青少年时期一直过得不快乐。但不可否认的是屠格涅夫的母亲尽管性格暴虐，却有良好的文学修养。父亲虽对文学热情不高，但对俄罗斯语言文化十分钟爱，他曾在信中写道："你们总是用法文或德文给我写信，为什么你们轻视我们先天的语言呢？……你们不

---

① 参见鲍戈洛夫斯基. 屠格涅夫传[M]. 高文风，王瑞仁，译. 哈尔滨：黑龙江人民出版社，1984: 8-12.

仅要讲好俄语，而且要学会用俄语来书面表达——这是不可或缺的。"①在这样的家庭环境影响下，屠格涅夫从小便对文学和语言有着特殊的情感。

斯帕斯科耶－卢托维诺沃庄园内共有四十多个房间，小屠格涅夫最喜欢的房间便是书房。8岁时，小屠格涅夫就已经可以流利地阅读俄文和法文书籍了。那时的小屠格涅夫时常与年轻的家仆约好，深夜去撬开锁着的书橱，他站在家仆的肩上，去翻找那一本本厚重精美的大书。小屠格涅夫沉浸在阅读藏书的乐趣中，想象力和创造力都得到了很好的培养与激发。

斯帕斯科耶－卢托维诺沃庄园林木掩映、纵横阡陌的自然环境，培养了屠格涅夫热爱大自然的心性。屠格涅夫从小生长在庄园的苍松翠柏间，在这一片片"春绿"的熏陶下，屠格涅夫的文字总是诗意盎然。正因为此，屠格涅夫的作品被称为"诗意的现实主义"。

流放岁月

在斯帕斯科耶－卢托维诺沃庄园生活期间，屠格涅夫逐渐喜欢上了打猎。他与猎人们关系十分要好，曾多次跟着猎人们在庄园附近打猎，他的脚步踏遍了奥廖尔的每一片土地，见到了庄园之外的更广阔的社会景象，也正是在这期间，他对农奴的生活以及农奴与地主的冲突有了更为深入的认识。

1833年，屠格涅夫进入莫斯科大学文学系学习，一年后转入彼得堡大学哲学系语文专业，学习经典著作、俄国文学和哲学。1838年，结束了在彼得堡大学的学习后，屠格涅夫前往柏林大学学习哲学。在欧洲，屠格涅夫见到了更加现代化的社会制度，开始主张俄国学习西方，

---

① 温哲仙. 屠格涅夫与斯巴斯科耶－卢托维诺沃庄园[M]. 济南：山东友谊出版社，2007：40.

故居餐厅

废除包括农奴制在内的封建制度。1843年,屠格涅夫发表了叙事长诗《巴拉莎》,受到了本国著名思想家、文学评论家别林斯基的好评,此后二人建立了深厚友谊。

1847年,屠格涅夫发表了自己的第一篇小说《霍里和卡利内奇》,讲述自己在斯帕斯科耶-卢托维诺沃庄园狩猎时的所见所闻。屠格涅夫并未重视这个作品,但《霍里和卡利内奇》却意外受到了别林斯基的高度赞赏。他认为这个短篇小说以前人不曾有过的角度接近了人民。这给予了屠格涅夫足够的信心,并促使他从此将全部身心都投入到文学写作当中。在别林斯基的鼓励和支持下,屠格涅夫陆续创作了一批短篇小说,结集成册后便有了著名的《猎人笔记》。

《猎人笔记》以一位猎人行猎的所见所闻为线索,串连起二十五篇短篇小说,这些看似各自独立的短篇小说共同描绘出了一幅在农奴制背景下的俄国风俗画长卷。这让人想起巴尔扎克写《人间喜剧》时所用的"人物复现法"。《猎人笔记》塑造了一系列专横残暴的地主与诚实智慧的农奴的形象。这些丰满的人物形象都不是杜撰的,大部分情节都取材于屠格涅夫自己的亲身经历。《猎人笔记》别具一格的视角使得屠格涅夫初登文坛便获得了巨大的成功。在此之前，很少有人关注农奴这一卑微的群体，正是屠格涅夫的成长环境使他对这个群体有深入的了解，再加上其悲天悯人的情怀，使得他笔下的农奴形象饱满多姿、呼之欲出。

《猎人笔记》中对农奴优秀品质的赞扬以及对农奴制的残酷与黑暗的批判，引起了沙皇俄国政权的不满。1852年，屠格涅夫在彼得堡被捕，被关押在监狱长达一个月。然而，他这一个月的铁窗生涯并不凄凉，前来探监的人带来鲜花与美酒，狱警对屠格涅夫也毕恭毕敬。在这一个月的闲暇时间里，屠格涅夫学习了波兰语，并写出了中篇小说《木木》，母亲瓦尔瓦拉强势跋扈、喜怒无常的形象被屠格涅夫写进了这部小说。《木木》讲述了聋哑农奴格拉希姆在池塘边捡到一只小狗，给小狗取名"木木"，然而，女农奴主被狗吠声吵醒，命令杀死这条狗，农奴格拉希姆只好亲手溺毙心爱的小狗。这部小说后来被拍成电影，在电影的最后，格拉希姆在船上搂着木木热泪盈眶的镜头催人泪下，感动了无数观众。

出狱后，沙皇政府将屠格涅夫流放到原籍接受监督，流放的原因名义上是屠格涅夫未经有关部门审查，在报纸上发表悼念果戈里的文字，

故居展室

实则因为他在《猎人笔记》中表现出了批判农奴制的文学倾向。在那个文学高压、作家无法讲真话的时代，流放至故园对于屠格涅夫而言是不幸也是幸事。斯帕斯科耶－卢托维诺沃庄园野趣自然、淳朴清净的环境给了屠格涅夫休养生息的空间。他让总管一家住在正房，自己在旁边的厢房居住。他重新修葺了庄园的住宅，并在直通池塘的公园小径旁亲手种植了椴树。他喜欢经过小径去池塘洗澡，将自己完完全全放逐到大自然的怀抱中，这条小径也因此被称为"流放者小径"。

在斯帕斯科耶－卢托维诺沃庄园接受监督的一年半时间里，屠格涅夫钻研俄国古典文学，读遍了普希金、果戈里的作品，认真研究了俄国的民间文化，充实了其文学创作中的民间语言。同时，他还系统学习了西班牙语，为翻译塞万提斯的《堂吉诃德》打下了坚实的基础。他还对1852年出版的《猎人笔记》单行本进行了反省，并决心抛弃这种短篇小说集的写法，致力于将这种特写、短篇、片段过渡为深入刻画社会生活的大场面、总画面。

1853年11月，流放禁令解除，12月，屠格涅夫终于获得自由并被许可重新回到彼得堡。屠格涅夫因《猎人笔记》惨遭流放，但他并没有因此而屈服，没有放弃反对农奴制的表达，在之后的创作生涯中，他还塑造了一系列正面的农民形象，并继续揭露农奴制的不合理性。可以说，正是这段时间的沉淀，为屠格涅夫之后的文学创作奠定了基础。

文坛巨子

屠格涅夫一生中重要的作品都是在斯帕斯科耶－卢托维诺沃庄园写成的。在《旅途中》这首抒情小诗中，屠格涅夫写道："车轮滚滚／闷声向前／凝望苍穹／思绪沉陷……"一次次的离家、反反复复的归家，让屠格涅夫更加中意宁静的乡村生活。比起城市的纷纷扰扰，乡村生活反而更能让人集中精力写作。流放结束后，屠格涅夫已经不满足于像《猎人笔记》这样的短篇，他希望能写出一部自己的代表作。在彼得堡短暂停留后,屠格涅夫主动回到斯帕斯科耶-卢托维诺沃庄园专心写作。

屠格涅夫的初次尝试便留给后世一部不可多得的佳作。1856年,屠格涅夫在《现代人》杂志发表了其第一部长篇小说《罗亭》。小说一经发表便受到了读者以及评论家的好评。正如莫洛亚所说:"《罗亭》就小说的写作技巧方面来说,是一部迄今为止尚未被超越的典范之作,即使拿最伟大的作家如巴尔扎克、司汤达、托尔斯泰的作品与之相比,它也完全是别具匠心、独树一帜的。"[①]他用锐利的笔锋,成功地刻画出罗亭这一"多余人"的形象。罗亭这一艺术形象与普希金笔下的叶甫盖尼·奥涅金、莱蒙托夫笔下的毕巧林和冈察洛夫笔下的奥勃洛摩夫,被称为俄罗斯文学史上的四大"多余人"。

"多余人"是对19世纪俄国文坛一种文学典型的命名。"多余人"属于贵族知识分子阶层,他们既不满足于自己所处的上流社会,又不能跳出这种生活的小圈子与人民结合,所以在他人看来就成了社会上多余的人。"多余人"具有一些共同的特征:多数出身于没落的名门望族,具有较高的文化修养,不为官职钱财所利诱;也能看出现实社会中的某些弊病和缺陷,在反动专制和农奴制的体制下深感窒息;他们虽有变革现实的抱负,但缺少实践;他们生活空虚,性格软弱,没有向贵族社会抗争的勇气,只能用忧郁、彷徨的态度对待生活,在社会上无所作为。"多余人"出现之根源正是知识分子的理想与当时俄国黑暗现实的巨大落差。屠格涅夫敏锐地触及了19世纪40年代至50年代初的这一社会矛盾。

在斯帕斯科耶-卢托维诺沃庄园中,屠格涅夫常常坐在庄园的长椅上,又或是伏在古朴的圆木桌前。这里有风吹动树叶的声音、鸟的啾鸣声,屠格涅夫可以抛开杂念,全心全意地埋头创作长篇小说,因此这一处没有凉亭的地方被后人称为"罗亭凉亭"。

1858年的夏秋交替之际,屠格涅夫再次回到斯帕斯科耶-卢托维

---

① 莫洛亚. 屠格涅夫传[M]. 谭立德,郑其行,译. 杭州:浙江大学出版社,2014:39-40.

故居内景

诺沃庄园，开始着手第二部长篇小说《贵族之家》的创作。夏末秋初是庄园最美的季节，树木枝条掩映，绿草如茵，花儿竞相开放，鸟儿欢唱不绝。屠格涅夫作品中有很大篇幅对美丽景色的描写，很大程度上归因于这座庄园美妙的环境。1859年秋天，屠格涅夫在庄园中创作长篇小说《前夜》。这部小说以青年知识分子的精神生活为轴心，描写了俄国农奴制改革"前夜"的社会生活图景。在屠格涅夫创作《父与子》的两年时光中，他也曾多次回到庄园。这里就如屠格涅夫写作的加油站，令他精力充沛、心情宁静。

从教养上来说，屠格涅夫是一位典型的欧洲人，厌恶农奴制，崇尚自由。在他少年时期，他的家庭教师都来自欧洲，他求学时以及在后半生又游历欧洲多年，因此，屠格涅夫认为自己是地地道道的欧洲人。他曾构思一部渲染俄国人与法国人之间差异的小说，小说男女主人公尽管已陷入爱河，情感上十分融洽，但仍然无法跨越思想上的鸿沟。在现实生活中，屠格涅夫又觉得只有身处祖国，尤其是在那座美丽的庄园中才感到灵感迸发。他曾对法国作家龚古尔兄弟说："我必须在冬天才能写作，一定要像在俄国那样的冰封大地，使人收敛杂念的彻骨寒冷、树上挂满晶莹的冰柱的情况下方能执笔……"①对于屠格涅夫来说，在生活中找到合适的写作题材是多么重要啊！尽管屠格涅夫的后半生大多在异乡度过，但他仍借助青少年时期的回忆，假想回到家乡的庄园再进行写作，《春潮》和《草原上的李尔王》就是在这样的情形下写成的。在异乡，屠格涅夫只能从"陈年旧事"中汲取材料，只有在故乡，文思才能如源头活水，汩汩而来。

屠格涅夫在斯帕斯科耶-卢托维诺沃庄园深入接触了饱受压迫的农奴，在圣彼得堡广交友人，了解欧洲最新的思想，到欧洲各国游历，了解各地的风俗人情，这些共同构成了屠格涅夫创作的灵感来源。《罗亭》中的罗亭，《父与子》中的巴扎罗夫，还有他的最后一部长篇小说《处女地》中的主人公，都是十分饱满的具有时代典型性的人物。1876年，在《处女地》写作完成后，屠格涅夫立刻与《欧洲导报》的编辑斯塔修列维奇分享了自己的喜悦："从昨天晚上八点钟到此刻为止，我一直不停地写

故居外景

---

① 屠格涅夫. 屠格涅夫回忆录[M]. 蒋路，译. 北京：人民文学出版社，1962：221.

着，盼着很快能够高呼：'到岸了！'……我现在坚信，我的作品至此终止了。"①

然而，当屠格涅夫回到俄国，他却发现在农奴制改革之后，农民的生活并没有因此变好，甚至在本来缺乏人权的基础上，又添了一层"赤贫"。此时的社会环境与屠格涅夫当初构思小说时的环境相比已经发生了翻天覆地的变化。《处女地》发表后，引起了各方面的抨击，既没有得到自由主义阵营的肯定，也没有获得民主主义阵营的认可。屠格涅夫经过反思后宣称，这部小说失败的原因正是自己脱离了祖国。但如今看来，《处女地》仍不失为一部优秀的作品，书中的人物形象不仅具有鲜明时代特征，而且也有着超越时空的意义。在屠格涅夫笔下，深挖"处女地"的"铁犁"不是 1874 年的"到民间去"运动，也不是暴力革命，而是教育。只有教育才能将荒地渐渐开垦为肥沃的土地。

创作交游

屠格涅夫一生的文化交往活动是十分丰富而曲折的，他交往的对象几乎涵盖了他所处时代的全部文化名流。他与普希金、果戈里这样的文坛巨匠均有一面之缘，被狄更斯等人奉为上宾，而他那份特别长的朋友名单上面，还写着托尔斯泰、陀思妥耶夫斯基、雨果、福楼拜、莫泊桑、龚古尔兄弟、左拉、都德、巴枯宁、赫尔岑、奥斯特洛夫斯基等著名作家的名字。屠格涅夫被评价为俄罗斯第一位具有欧洲声誉的文学家，他参加在巴黎举行的"国际文学大会"时，被选为副主席（主席为维克多·雨果）。

他经常能在与友人的交往中获得创作灵感，总能在不同思想的碰撞中找到新的创作素材，他仿佛一直都在不停地拜访前辈与提携后辈。值

---

① 温哲仙．屠格涅夫与斯巴斯科耶－卢托维诺沃庄园[M]．济南：山东友谊出版社，2007：175．

得一提的是，屠格涅夫的文学素材除了自己与好友交往所得，还有很大一部分来自他对自我的反思，正如高尔基在评价《罗亭》时所说，"罗亭既是巴枯宁，又是赫尔岑，在某种程度上还是屠格涅夫本人"①。在小说《烟》中，屠格涅夫曾把俄国为目的不明的改革所做的无谓努力比作田野上的雾气。雾气的特点是迅速弥漫一时，又很快散去得无影无踪。屠格涅夫生活在缭绕的雾气中，成了一名彻头彻尾的旁观者，一名"多余人"！

屠格涅夫为人热情执着、爱憎分明。1843 年 11 月 9 日，来自西班牙的女高音歌唱家波利娜·维亚尔杜在彼得堡歌剧院一举成名。她穿着红色沙漏裙站在舞台中央，柔和的歌声里夹杂着海浪般的叹息声。演出完毕，追随者们恨不得亲吻她红色的裙角。坐在台下的屠格涅夫自然也不例外。据说演出当晚，波利娜在后台化妆间里接见了四位狂热的"粉丝"，其中之一就是当时才 25 岁的青年伊万·屠格涅夫。那天是屠格涅夫 25 岁的生日，在之后的四十年里，他一直保持着对波利娜·维亚尔杜的痴迷。

实际上波利娜长得并不漂亮，两只眼睛过分突出，脖子几乎和脸一样粗，而且驼背，但她是个才女，师从钢琴大师李斯特，当时的音乐大家肖邦、柴可夫斯基等都对她称赞有加。用她姐姐的前男友、法国诗人缪塞的话说，波利娜的丑陋"是一种非常有吸引力的丑陋"。德国诗人海涅把她比作"像妖怪一样的外国风景"。屠格涅夫跟随波利娜从俄国到法国，再到德国，战争时期波利娜夫妇去伦敦谋生，屠格涅夫也随之去往伦敦。波利娜还承担了抚养屠格涅夫与一位乡下缝衣女的私生女的任务。屠格涅夫给女儿培拉吉取了个新名字——波林奈特，意为小波利娜。

1871 年 11 月末，波利娜夫妇回到巴黎，屠格涅夫也随后赶去巴黎，成功地与这对夫妇成了邻居，并在 1874 年与他们在乡村合买了一栋别

---

① 温哲仙. 屠格涅夫与斯巴斯科耶－卢托维诺沃庄园[M]. 济南：山东友谊出版社，2007：138.

故居外景

墅用来度假。屠格涅夫说:"倘若维亚尔杜一家人去澳大利亚,我将随他们同去。"1883年,屠格涅夫长在脊椎内的肿瘤开始恶化,他在去世前对波利娜喊道:"你,是皇后中的皇后!"

殷实的家境使得屠格涅夫有足够的资本用行动证明自己的慷慨,他周游欧洲各国,在巴黎买别墅,收藏各种名画,毫不吝啬地帮助他人,给巴黎的俄罗斯艺术家协会提供资金,开设侨民图书馆等等。特别是在法国期间,屠格涅夫热情宽厚地接待了很多来到法国的俄国人,尽力帮助穷困潦倒的文人,对有才华的年轻人爱护有加。他从来不拒绝替文学青年们的作品写序,也没有直接打击某个糟糕的作家,他与列夫·托尔斯泰的友谊更是令人津津乐道。

1852年,列夫·托尔斯泰在《现代人》杂志发表了一篇文章《我的童年的故事》,署名"列·尼"。杂志主编涅克拉索夫对这篇文章赞叹不已,即刻将这一期杂志寄给了当时被流放软禁于斯帕斯科耶－卢托维诺沃庄园的屠格涅夫。屠格涅夫看过这篇文章后也赞赏有加,在给涅克拉索夫的回信中高度评价了这部作品的价值:"这是一个大有希望的天才。……请你写信鼓励他继续创作并请转告他……我欢迎他,向他致敬，鼓掌欢迎。"

屠格涅夫回信之后，几经打听终于得知这篇文章的作者，即列夫·托尔斯泰。此时，刚跨出学校的列夫·托尔斯泰去了高加索部队服兵役，屠格涅夫没能见到自己极为欣赏的这位青年文学才俊。后来屠格涅夫为了结识这位后起之秀，还专门拜访了有托尔斯泰家族成员的波克罗夫斯科耶庄园，表达了他对托尔斯泰的肯定与欣赏："他是我国文学唯一的希望……"①

列夫·托尔斯泰的姑母很快就写信告诉自己的侄儿："你的第一篇小说在瓦列里扬引起了很大的轰动，连大名鼎鼎的写《猎人笔记》的作家屠格涅夫都逢人就称赞你。"托尔斯泰在收到姑母的信后欣喜若狂，他本是因为生活的苦闷而写作，以打发心中寂寞，并无当作家的想法。正如普希金、莱蒙托夫、果戈里之于屠格涅夫的影响，享誉文坛的屠格涅夫对小其十岁的托尔斯泰也产生了极大的影响，激发了同样出身于贵族家庭的托尔斯泰对地主和农奴关系、人的权利的思考。由于屠格涅夫的欣赏，托尔斯泰点燃了心中的火焰，找回了自信，找到了人生的前进方向，并且一发不可收拾地写了下去，最终成为享有世界声誉和具有世界意义的艺术家和思想家。

多年之后，两人在诗人费特家里做客闲聊时，谈到屠格涅夫女儿的教育问题。对屠格涅夫把钱给女儿做慈善的行为，托尔斯泰甚为反感，认为这是一种贵族老爷的教育方法。两人争论起来，越吵越凶，屠格涅夫气得要扇托尔斯泰耳光，托尔斯泰甚至要与屠格涅夫决斗。后来在朋友们的劝说下事态才得以平息，但两人关系破裂长达十七年之久。

1878 年，50 岁的托尔斯泰忏悔自己的一生，要自我"挽救灵魂"，终于给远在巴黎的 60 岁的屠格涅夫发去一封真诚的道歉信，表示要和

---

① 鲍戈洛夫斯基. 屠格涅夫传 [M]. 高文风，王瑞仁，译. 哈尔滨：黑龙江人民出版社，1984：248.

他言归于好。他写道："我记得我在文学上的名望全靠您的栽培，我还记得，您多么爱我的作品和我个人。关于我，您可能也会有同样的回忆，因为有一个时期我是真诚地爱过您。我现在真诚地（如果您能原谅我的话）向您献出我能献出的全部友谊。在我们这个年纪，唯一的幸福是与人们和睦相处。如果我们之间能建立这种关系，我将感到非常高兴。"屠格涅夫读信后感动得流下了眼泪。从此之后，两人重归于好，他们的友谊一直保持到生命终止，屠格涅夫的绝笔信是写给托尔斯泰的，在信中表达了他作为托尔斯泰的同时代人的欣慰，并希望他——"俄罗斯大地上的伟大作家"能够"回到文学事业上来"。

屠格涅夫在三四十年里频繁往返于多国，最后定居并逝世于巴黎。他与法国作家龚古尔、左拉、都德、乔治·桑、梅里美、福楼拜都有交往，曾参加福楼拜的聚会，并交换彼此的新作。屠格涅夫与都德、福楼拜、左拉、龚古尔组成文学团体，他们五人经常共进午餐，在席间热烈讨论文艺问题，被誉为"五人聚餐会"。屠格涅夫也是最早发现青年莫泊桑文学天赋的人之一。他把法国作家的作品推荐给俄国杂志，并亲自翻译了福楼拜的作品。他在巴黎口碑载道，都德回忆说，他与屠格涅夫"推心置腹，开诚布公地交谈，不奉承，不彼此吹捧"。

屠格涅夫的许多作品被译成法、德、英文，加上他积极参加文学活动，很快便享誉世界。俄罗斯文学史家米尔斯基说："屠格涅夫是第一位迷住西方读者的俄罗斯作家。"法国历史学家勒南称赞说，借助于屠格涅夫，长期聋哑的俄国终于发出了声音。然而，在对屠格涅夫的评价中，可能还会有这样一种抱怨：读过屠格涅夫的两篇小说，似乎就能掌握屠格涅夫全部作品的创作"套路"了。故事往往发生在一座属于贵族家庭的俄国乡间庄园，庄园所处的背景往往是奥廖尔广阔的草原，有葱茏的树林、阴翳笼罩着的云雾，主人公往往是一个野心勃勃却又无能为力的"多余人"，笔下的女性不是个性阴晴不定、暴戾无常，就是桀骜不驯、仁慈坚贞。其实纵观中外文学史，许多作家都是围绕一个基本的主题、一个核心的意念展开一生的写作的。我国著名作家、文艺批评家李陀先生曾

故居外景

在信中对友人说道:不要害怕重复。托尔斯泰一生都想超越自己,但最后他所做到的似乎还是一种深刻的重复。似乎每个作家都有各自的责任,有其需要表达的最根本的意图,所以重复在写作中也许是不可避免的且必要的。

无可否认,屠格涅夫笔下的世界来源于他最了解的真实生活,是有其局限性的,但一部作品的优劣,并不在于其所描写的场面的大小或者描写对象的重要与否,而在于是否能通过这狭小的天地,展现出作者深邃的省思与博大的胸怀。

(撰稿:刘青)

参考文献

鲍戈洛夫斯基. 屠格涅夫传 [M]. 高文风，王瑞仁，译. 哈尔滨：黑龙江人民出版社，1984.

冯渊. 仰望星空从仰望伟人开始 [M]. 北京：语文出版社，2013.

纳博科夫. 俄罗斯文学讲稿 [M]. 丁骏、王建开，译. 上海：上海三联书店，2015.

屠格涅夫. 屠格涅夫回忆录 [M]. 蒋路，译. 北京：人民文学出版社，1962.

屠格涅夫. 屠格涅夫文集 [M]. 丰子恺，等译. 北京：人民文学出版社，2016.

温哲仙. 屠格涅夫与斯巴斯科耶 – 卢托维诺沃庄园 [M]. 济南：山东友谊出版社，2007.

朱红琼. 屠格涅夫散文诗研究 [M]. 北京：人民出版社，2013.

巴尔扎克

　　今天的巴黎第 16 区莱努合大街 47 号有一座小院，里面别致的小花园和一座神秘的旧式小楼仿佛浸透了历史的颜色，散发出无穷的魅力，吸引了大批游客来访。这座小院便是巴尔扎克的故居。1842 到 1847 年间，巴尔扎克大多数时间就在这里度过。那是他人生中最苦难的一段岁月，巴尔扎克一年到头奔波于法国与俄罗斯之间，疾病、贫穷和看不到希望的爱情一刻不停地折磨着他的肉体和灵魂……但巴尔扎克没有因为痛苦而停止创作。在这座不起眼的小楼里，巴尔扎克完成了《人间喜剧》从构思到创作的全过程。纵观巴尔扎克的一生，文学或许永远只是他精神追求中的副产品，但也恰恰是文学上的成就让他真正获得了一个梦寐以求的"巨人"身份。就是在这座低矮的小楼里，被誉为"十九世纪法国文学的双峰巨子"之一①的他巍然站立，在法国文学群星中出类拔萃，与远处抬眼

---

① 另一位是法国 19 世纪浪漫主义文学的集大成者雨果。

巴尔扎克故居（法国巴黎）

可见的埃菲尔铁塔遥相呼应，向全世界的人描述着那一时代真实的巴黎！

出身与职业：家庭的叛徒

奥诺雷·德·巴尔扎克于 1799 年 5 月 20 日出生于法国都兰地区图尔市的一个小资产阶级家庭。父亲贝尔纳-弗朗索瓦·巴尔扎克出身贫苦，但凭借自己的野心和努力，他先后成为诉讼代理人和法国行政法院秘书，50 岁时又当上了巴黎丹尼尔·杜麦克银行的首席秘书，成功跻身上流社会；母亲安娜-夏洛特·洛尔·萨朗比耶是当地一位著名呢绒制造商的女儿，家境殷实，嫁给巴尔扎克的父亲时，她才 19 岁，与丈夫相差 32 岁。

巴尔扎克的家庭与一般小资产阶级家庭一样，向往无尽的财富，追求贵族的名声和地位。巴尔扎克的家族世代都以巴尔萨为姓，但巴尔扎克的父亲贝尔纳却因为爱慕虚荣，嫌弃"巴尔萨"这一姓氏带有农民的印记，所以将自己的姓氏"巴尔萨"改为"巴尔扎克"，后又在姓氏之前加上了作为贵族标记的"德"字，伪造贵族身世，以至于巴尔扎克自始至终都坚信自己有贵族血统，无论是在与人往来的信件还是自己的著作中，他都会认真地签上"德·巴尔扎克"这一姓氏。

尽管老巴尔扎克有小市民庸俗、虚荣的一面，但也有着不可忽视的优点。他生性乐观，充满活力，平日对自己生活的管理十分严格，他坚持早睡早起，喜欢喝牛奶，热爱散步，深信自己可以活到100岁。此外，老巴尔扎克虽然未接受过正统的教育，但他兴趣广博，广泛涉猎了各方面的知识，甚至还写过一两本关于改革犯罪制度、整治社会风俗的小册子。他讲故事的能力也远超常人，总能把自己听到的奇闻轶事讲得妙趣横生。可以说，巴尔扎克在讲故事方面的才能很大程度上遗传了自己的父亲。

与乐观的老巴尔扎克相反，巴尔扎克的母亲安娜是一个性格暴戾阴郁、喜怒无常的女人。巴尔扎克出生后，她就立刻让人将他送去乡下的奶娘那里看护，在巴尔扎克的成长过程中，她不曾给予儿子任何慈爱的关怀，也从没有送给过他任何礼物。巴尔扎克十三岁之前，只有每个星期天才被允许回家探望父母一次。这无疑给巴尔扎克的童年蒙上了一层阴影，他曾在一封信中哀叹："我从来不曾有过母亲。"

1816年11月4日，巴尔扎克进入大学，成了一名法科学生。远离了那个让他感到陌生和痛苦的家庭，结束了如在精神监狱般压抑的寄宿学校生活，年轻的巴尔扎克本以为自己可以自由自在地从事研究，并把业余时间花在自己的喜好上，然而，他的父母却对他另有打算。在巴尔扎克的父母看来，除了在大学偶尔听听课，他还应当去挣钱，为他自己今后的事业做准备。于是，巴尔扎克只得一边上学，一边在一个律师事务所干一些苦差事。两年后，他又在父母的安排下去了吉约内-梅尔维尔的律师事务所做见习诉讼律师。在这里，通过一桩桩案件，他了解了巴黎发生的一幕幕家庭悲剧，洞悉了案件反映出的人性或丑恶或美好的一面。在努力学习法律业务的同时，想要从事写作的念头也在他的脑海中愈加清晰。

1819年春天，巴尔扎克顺利完成了学业，获得了法学学士学位。不出意外的话，他将从见习律师一步步成为受人尊敬、有着稳定收入的律师或公证人，还会遵从父母的安排迎娶与自己社会地位相当的妻子，过着衣食无忧的体面生活。但是，巴尔扎克已经受够了被父母安排的生活，他心中多年来始终压抑着的反抗情绪终于爆发了。

一天，他兴冲冲地回到家里，向父母宣布，不管怎样，自己都不愿意当一个录事、律师、审判官，或接受任何行政方面的职位。事实上，他已经不想再从事任何世俗的职业了。他打算成为一名作家，靠自己的"伟大著作"得到与自己的价值、雄心相匹配的荣誉。

长时间的激烈争论后，他与父母之间达成了相互妥协：父母可以在未来两年内给他一点经济支持，但如果两年期满他未能如愿，就要老老实实地回到律师事务所去。母亲安娜以保护他的名义，在巴黎帮巴尔扎克租了一间房子，那是全巴黎所有窄街狭巷中最破、最旧、最糟糕的住处，她要借此动摇他的决心、摧垮他的毅力。可惜这座位于莱斯堤居尔街9号的房子很早就被拆除了，我们只能在《驴皮记》中找出它的一点影子。"一间黑咕隆咚、充满怪味的楼梯间，爬过五层楼梯来到一扇早已朽坏、用几块木板拼成的门前。进门后，在黑暗中摸进一间冬寒夏热的低矮阁楼……"尽管房东太太只象征性地要一点租金，但依然不会有任何人愿意住在这种

故居大门

"洞"里。而安娜为了使儿子厌恶他的职业,恰恰看中了"这间足以与威尼斯铅顶屋子相媲美的洞窟"①。然而,巴尔扎克的想象力却超过现实上千倍,他把强烈的观照聚焦到外观最不美妙的事物上,从"洞"中见到了巴黎最凄凉的一角。他真的开始创作了,这项工作一启动,他就发现了自己的天赋:一旦进入创作,除了他自己在纸上创造的东西,这个世界就没有任何真实的东西存在了。巴尔扎克先是模仿最时髦的戏剧,可是他得到的只是无情的嘲笑,乐观的天性让他毫不气馁地转而尝试小说创作,结果第二、第三次失败接踵而至……1820年11月15日,他被通知必须在新年前从莱斯堤居尔街的房子中迁出。迫不得已,身无分文的巴尔扎克和他刚结识的一个人谈妥了条件,成了一名"幕后"作家,他的名字将不会出现在封面上,但是小说的大部分都要由他去写。

故居台阶

　　1824年,年龄与巴尔扎克母亲相仿的柏尔尼夫人接受了巴尔扎克的追求。在她的帮助下,巴尔扎克不用再从冷酷的母亲那里要钱,也不再为一日三餐发愁了。于是他立刻转入了一个注定会让他倾家荡产的领域——商业。短短的几年时间里,从出版拉封丹和莫里哀的全集,到自己办印刷厂,再到开办铅字铸造厂,无论他多么认真地投入精力去经营,

---

① 茨威格. 巴尔扎克传[M]. 幼明, 编译. 北京:中国人事出版社,1995:28.

都无一例外地迅速破产了。每当他一分钱都拿不出来，工厂面临破产的时候，他唯一的策略就是四处借钱，然后进一步扩大工厂的规模……所有相信巴尔扎克有经商才能的人，都受到了严重的损失。

巴尔扎克从来不是个好吃懒做的人，然而苦苦挣扎的他，在自己生命的前三十年里却几乎没有品尝到任何成功的喜悦，在莱斯堤居尔街9号"蜗居"的日子也让他饱尝失败和饥饿的滋味。迫于生计，他不得不在低等的出版商和书贩之间来回奔走。生性乐观自信、不善理财的他一旦挣到了钱就会执迷于并不擅长的商业投资，这导致巴尔扎克长期身无分文、债台高筑。破产、贫穷成为他生命里挥之不去的阴影。

天赋与追求：永远的副业

1829年3月，《朱安党》正式出版发行了。巴尔扎克第一次表现出了可以成为大作家的潜质，在这本书里，他用极熟练的笔法进行生动的、令读者身临其境的战斗描写，全书的布局处理得堪称完美。1830年和1831年，他的创作成果在当时几乎没有人能与之匹敌。他写了许多短篇小说、长篇小说、评论、小品文、报刊文学以及政治纪事。《家庭的和睦》《猫打球商店》《三十岁的女人》《长寿药水》《红房子旅馆》《驴皮记》……如果把1830年出版的、确实出自巴尔扎克之手的七十多种作品和1831年出版的七十五种作品统计在一起，他两年中平均每天要写将近十六页的文字。他开始在文学创作领域大放异彩。

在1828年，巴尔扎克还只是一个靠写文章糊口的人，穷困潦倒，债台高筑，是一个自己承认留在家里不出门只是为了节省买衣服的钱的彻头彻尾的穷鬼。然而仅仅两三年之后，他却成为欧洲最有名望的作家之一。这一切来得十分突然，巴尔扎克欢欣鼓舞，他觉得似乎自己的"价值"开始被世人发现。于是他热情高涨，笔耕不辍。但是，突如其来的成名也让他必须面对更多的索稿信，他被读者们寄来的赞美他的信件压得喘不上气，从早到晚听尽各种出版商的奉承，令人眩晕的声誉给巴尔扎克动力的同时还给予了他巨大的压力,似乎只有更加勤奋的写作才能匹配得上这逐渐膨胀的"才名"。然而他好奇的天性未泯,他有强烈的探索欲望。

实际上,只要生活还能维持,他总是想去尝试一下别的行业。但就像他之前的遭遇所证实的那样:他并不擅长理财乃至于谈情说爱,他除了写小说别的什么都做不好!他注定是一个不切实际的"梦想家",注定是一个"小说世界"的"君王"。

创作与健康:暗夜的精灵

人到中年的巴尔扎克,只有在创作的时候,才能排遣现实中无尽的烦躁,得到暂时的安宁。他在文学上的天分和努力,都达到了一种无与伦比的高度。《欧也妮·葛朗台》《高老头》……让我们来看看这些在今天仍然熠熠生辉的巨著是怎样被创作出来的吧。

每晚九点钟,戏院里的戏剧已经开演了,舞厅里挤满了回旋的舞者,赌场里的金币叮叮当当地响着,此时的巴尔扎克却在睡觉。十点钟,人们纷纷准备歇息,屋内的灯光陆续熄灭了,偶尔听得见几辆马车从石子路上驶过的声音,城市渐渐安静下来,巴尔扎克此时仍在睡觉。十一点钟,戏剧已经落幕,从沙龙或舞会里出来的最后一批客人也要回家了,喧闹的酗酒者们的最后一阵声浪在偏僻的大街上缓缓消失,马路上彻底地空寂了,巴尔扎克继续睡觉。子夜到了,整个巴黎一片寂然。而此时,巴尔扎克工作的时间到了……

巴尔扎克的书桌是故居里他最熟悉的一角,他说:"我像炼丹家投他的金子一样把我的生命投入这个坩埚中。"① 那是一张外观朴素的长方形小桌子,他爱那张桌子胜过一切。"对于巴尔扎克来讲,它比他一只

---

① 茨威格. 巴尔扎克传[M]. 幼明, 编译. 北京: 中国人事出版社, 1995: 140.

又一只买到的银盘子,比他嵌着宝石的手杖,比他已经赢得的名誉,比他装潢得很华丽的书籍,都更有意义……它是他真实生命中唯一的缄默的见证人,它是他沉忧和极乐的唯一知己:'它知道我一切的计划,曾见过我所有的窘困,曾经偷听了我的思想。当我的笔奔驰在纸上时,我的膀臂几乎是粗暴地压迫着它。'关于巴尔扎克没有一个人知道得这么多,也从来没有女人同他分享他那么些个热情友谊的夜晚。巴尔扎克在那张桌子边,生活——并且工作——直到死。"① 坐在书桌边写作时,他左手边摆放着若干叠整齐的白纸。纸是经过精心挑选的,带有一种不会导致眼睛疲倦或眩晕的浅蓝色,而且有着极为光滑的表面,他的笔尖可以毫无阻碍地在那些纸面上划过。他的笔尖也是精心准备的,除了大鸦的翎管之外,他从不用别的笔。在一个贵重的、用孔雀石做的墨水池旁边放着一两瓶备用墨水。他右手边摆着一个小记事册,有时用来记录一些念头和想法。除此之外,再没有别的"装备"了。论文、书籍、研究

故居小院

---

① 茨威格. 巴尔扎克传[M]. 幼明, 编译. 北京: 中国人事出版社, 1995: 140.

资料等是一概不需要的。巴尔扎克在开始写作之前已把一切都融汇在脑中了。

巴尔扎克不停地写着,想象力的火焰不断地放射出夺目的光芒,越烧越烈,越来越旺。他的笔在"疾驰",但是笔下流淌出来的字句几乎不能和他的思想齐头并进,于是他不得不越写越简略,这样可以尽量少地阻碍他思想的迸发。他不能让思路有任何间断,他的笔一直未从纸上提起来,直到一阵痉挛强迫他松开手指。屋里唯一的声音就是笔从光滑的纸面上驰过的唰唰声,或是把一张纸放到一沓写好的纸上的沙沙声。虽然外面天开始亮了,但巴尔扎克却没有看见。对他来说,白日只是烛光投射出来的小小光圈而已,除他自己创作的世界之外,无论时间还是空间发生变化,他都不关心。

巴尔扎克这架写作机器时有抛锚之虞。最不可限量的意志力,也不能无限度地消耗一个人有限的体力。在五六个小时毫不间断的写作以后,巴尔扎克感到有必要暂时休息一下了。他的眼睛开始流泪,手指已经麻木,他的背脊酸痛,太阳穴也开始胀痛起来。巴尔扎克站起来,走到那张放有咖啡的桌子边。咖啡是巴尔扎克重新开动写作引擎的黑色润滑油;对他来说,喝咖啡比吃饭睡觉都重要得多。他痛恨纸烟,他认为纸烟对身体是有害的,会损伤人的大脑、降低人的能力,但是他爱咖啡。没有咖啡他便不能工作,或者至少不能像这样来工作。除纸笔以外,他一直都把烹制咖啡的用具当作随身物品携带。他不允许别人来为他调制咖

巴尔扎克塑像

啡,正如他只用一种款式的笔和一种特别的纸张一样。他还会按照一种特殊方法把咖啡混合起来。他的一个朋友曾经专门做过记录:这种咖啡包含三种不同的豆类——马尔丁尼克、摩沙和布尔崩。巴尔扎克到老奥得莱特街买马尔丁尼克,到圣日耳曼镇的大学街的一家商店买摩沙,布尔崩则是在蒙特布朗街买的,每一次去买它们都要半天,简直像一次"远征"。但是为了一杯好的咖啡,巴尔扎克不怕麻烦。而且若要咖啡保持效力不减退,必须不断地加大、加重它的使用量,而这令他的神经处于那种有增无减的紧张。①巴尔扎克的书,就是在"成了河的黑咖啡"的帮助下完稿的。在1825年的时候,他已经感觉到过量的咖啡使他的脑组织受到了损害,同时,他的胃也很不舒服。如果说他那五万杯咖啡(据某位统计学家估计)使《人间喜剧》庞杂的写作工程加快了进度,那它们同时得对他那本来强健的心脏的早衰负全责。他终生的朋友和医生拿克加尔大夫曾宣布道:"一种因为夜晚工作,因为服用——不如说是滥用——咖啡(借助于它来和人类睡眠的需要竞争)而积成的心脏老化疾病,是他的真实死因。"②

文学与爱情:滋长的野草

巴尔扎克写书的真正动力来自爱情。

1832年12月9日,巴尔扎克还在极力追求葛丝特丽夫人的时候,收到了一封来自遥远的乌克兰,署名为"无名女郎"的读者的来信,这封信以及它的主人——德·韩斯卡·夏娃玲娜男爵夫人深深影响了巴尔扎克的下半生。这位被巴尔扎克称作"夏娃"的女人是一个美丽而富有的贵族女性,她热爱文学艺术,但因生活圈子闭塞,情感长期受到压抑。

---

① 参见郭艳,李柏林. 欲望与激情:巴尔扎克其人其作[M]. 合肥:安徽文艺出版社,1999:63.
② 茨威格. 巴尔扎克传[M]. 幼明,编译. 北京:中国人事出版社,1995:143.

她怀着恶作剧般的心情给巴尔扎克写了这封匿名信。但是她没有收到巴尔扎克的回信，因为当巴尔扎克心跳加速、手脚发抖地写完回信时却发现找不到可以回信的地址。于是，她又写了第二封、第三封信……直到有一次，她趁着跟随丈夫去西欧旅行的机会，以曲折的方式与巴尔扎克取得了联系。很快，她就陷入了巴尔扎克的疯狂追求之中。

巴尔扎克写书更勤奋了，他不但需要偿还债务，还要准备一大笔钱应付接下来与韩斯卡夫人的约会。他的名作《欧也妮·葛朗台》就是在这个时候完成的，这本书的成功使巴尔扎克的路费有了着落，并且还剩余不少。按照约定，他怀着愉快的心情于1833年的圣诞节来到日内瓦的阿尔克旅店。他们终于会面了，尽管此前在新沙特尔他们已经见过一次，但这一次意义不同，韩斯卡夫人再也抵挡不住爱情的诱惑，她被这位天才作家征服了。

但此时同样沉溺于爱情中的巴尔扎克并没有意识到，等待他的是重重的困难。韩斯卡夫人所在的东欧风气远比巴黎保守，丈夫健在，韩斯卡夫人无法向巴尔扎克承诺任何事。而在此期间，巴尔扎克几乎全身心地投入到爱情当中，他丝毫不顾及自己的经济状况，那放荡不羁的天性让他大把大把地挥霍手里已经不多的金钱，为的是能博韩斯卡夫人一笑。1834年2月，他不得已返回了巴黎。没有想到，此后过了七年他才再次见到韩斯卡夫人，一场爱情的马拉松从那时拉开了帷幕。

接下来的几年里，由于只是靠书信联系，巴尔扎克与韩斯卡夫人之间的爱情毫无进展甚至渐渐淡漠，他将更多的精力投入文学创作与经商等方面。巴尔扎克这个时期的文学作品在分量和成就上可以和很多作家的毕生成就相比。他的写作技巧越发精练，书稿中从前那种芜杂的赘言也少了。42岁时，他已经写了一百部书，塑造了大约两千个人物。可是，他依旧不擅长管理自己的金钱，当他的热情延伸到除文学领域以外的世界时，冷酷的现实再次给了他沉痛的打击：他花巨资为自己建了一幢房屋却被债主抄押，他努力创办了一家杂志社却很快就销声匿迹，他的政治活动被一些选举人破坏，他竞选研究院评议员候选人的提案被推

故居展室

翻……除了文学创作以外,他从事的任何事情都落了空。平生头一次,巴尔扎克感到气馁,他很想离开巴黎,离开法兰西,离开欧洲,可他哪里也去不了。他幻想着有什么神力能把他从这毫无结果的工作中拯救出来,让他一夜之间就能改变命运。

1842年1月5日,当巴尔扎克彻夜工作后离开书桌之时,收到了仆人送来的一封信,一个黑线圈夹在封信口上。他撕开信,看到了德·韩斯卡先生谢世的消息。那个和他有着甜蜜过往的女人,他发誓要永远敬爱的女人——德·韩斯卡夫人,现在成了一个寡妇。于是,他的内心开始为之疯狂,他的感情又从灰烬中闪出了火光。他的信像猛烈的炮火一样连续不断地向俄罗斯轰去。可是,3月、4月、5月和整个夏天、整个冬季、整个一年时间过去了,接着又是一年,他的等待还是没有结果。这位寡妇在德·韩斯卡先生逝世一年半之后,仍然没有对她的情人发出"来吧"的邀请。最终,在7月的时候,这个信号出现了。于是,1843年7月,在距他们初次会面整整十年后,巴尔扎克到达了韩斯卡夫人所在的圣彼得堡。

事情并不如他们想得那样简单,一个寡妇对自己命运、爱情以及财产的主宰能力远没有那么强大,她的国家、她的家族、她的亲朋好友都在盯着她。在接下来漫长的八年时间里,巴尔扎克辗转于法国与俄罗斯之间。长期在欧洲大陆穿梭需要大量金钱支撑,也需要耗费大量精力和体力,这导致他健康和经济问题同时亮起了红灯,然而他在文学方面的成就也越来越辉煌了:他一宣布要出版全集,立刻有三个出版商为这一伟大的事业而投资。全集每年有一部新作加入,他受《神圣喜剧》的启发,给自己的全集取名为《人间喜剧》。他认认真真地写下了那篇著名的序言。序言中提到，每一章都是一部小说，每一部小说都代表一个时代。他的目的，就是要给19世纪的法兰西写一部历史，他要为他这一世纪的社会描绘一幅画像，同时要揭露这个社会的一切秘密。在序言的最后，巴尔扎克说："一个社会的历史的社会的批评只是这计划的一部分，它还包括一个对于社会原则、社会恶习的解释。我相信这种计划可以让我正确地给现在出版的集子加上一个书名——《人间喜剧》。这不是太荒谬了吗？这配得上这个名称吗？读者可以在它完成时来判定。"①

我们今天也没能看到计划中完整的《人间喜剧》，因为正当巴尔扎克为他的这项宏伟计划努力时，他被死神击中了。完成的《人间喜剧》只包含了大约两千个人物，而没有他预期的"三四千人物"，但其实这些人物已经存在于巴尔扎克的头脑之中了。1845年，巴尔扎克曾准备了一个目录，把他已出版过和还没有创作的小说的书名全部列出来。目

故居展室

---

① 茨威格. 巴尔扎克传[M]. 幼明, 编译. 北京：中国人事出版社，1995：323.

录中列出的 143 个书名中，有名而无书的就有 50 本以上。

家园与坟墓：凡间的圣徒

巴尔扎克在奔波和病痛中走完了他最后的五年，然而这五年，他从精神层面感受到了从未有过的幸福。

1845 年，他跟韩斯卡夫人一行人一起周游欧洲，去了康慈塔特、卡尔斯鲁埃和斯特拉斯堡等地。他甚至成功劝说韩斯卡夫人到巴黎来访问。要知道在那时，在法兰西土地上旅行是不被沙皇允许的。巴尔扎克让德·韩斯卡夫人扮作他的妹妹，最终得到了旅行许可证。8 月的时候，他们到了方登布鲁、奥里昂、布尔兹。巴尔扎克带着他们游览了他的出生地杜尔，其间他仓促地回了巴黎一趟。9 月的时候，他又匆匆到巴登与他们会合，然后，他们又动身到意大利旅行……

再次回到巴黎的巴尔扎克，想为自己物色一幢婚房。他终于在 1846 年秋天找到了自己梦寐以求的房子："一个幽静雅致的房子，带有一个书房，一个客厅，一间卧房，书房刷着粉红色的灰水，其中有超级地毯，一只壁炉，舒适的家具。窗户用透明的大玻璃板做成，我能够从四处见到风景。"[1]

巴尔扎克此时唯一感兴趣的就是房子，即使他穷困至极。他已经很久没写作了，出版商也把钱包捂得紧紧的。巴尔扎克每行文稿要价 60 生丁（法国辅币）的时光已不复存在了。他只好将短篇小说《初涉人世》降价卖给《家庭博物院》杂志，以维持他的生计。他比任何时候都穷。长期的旅居生活使他的收入来源断绝了。

为了掩饰自己穷困潦倒的现状，他不得不用各种理由向别人解释德·韩斯卡夫人和他的婚礼不断延期的原因。他要么说他已直接写信给

---

[1] 茨威格. 巴尔扎克传[M]. 幼明，编译. 北京：中国人事出版社，1995：357.

沙皇，却遭到沙皇的拒绝，要么就说因为诉讼纠纷导致德·韩斯卡夫人暂时无法离开俄罗斯。他还编织谎言说韩斯卡夫人身陷严重的经济困难，开始说因为她把财产指定给她的女儿，因此失去了所有权，后来就说她遭遇火灾，财产被烧毁了。他希望通过这些谎言掩盖自己与韩斯卡夫人身份地位悬殊的事实。事实上，两人的婚姻遭到了双方家庭的反对。韩斯卡夫人的亲戚认为巴尔扎克是个败家子，会将他们一家的钱财挥霍一空；老巴尔扎克则认为韩斯卡夫人是一个冷漠、自私的女人，因为她让自己的儿子长期奔波，完全不考虑他的健康状况。

巴尔扎克在给韩斯卡夫人的一封信中做出了凄凉的总结："站在五十岁高龄去观察人生是多么地不同啊！我们又如何经常地觉得离目的地很遥远啊！您还记得我是如何送德斯格勒斯长眠于弗拉柏斯罗的吗？自那次之后，我又送了不少人去那儿安息。但自从那以后，我曾放弃了多少的幻想啊！我除了对你的感情还在增长之外，已没有什么进步了。厄运是如何迅速地展开的啊！有多少幸福道上的绊脚石啊！的确，生活给人家注满了多少的迅变啊！我费了三年时间为自己筑了一个巢。这已花费了我相当的财富——但这对占据巢的鸳鸯在哪里呢？他们何时才能进去安住呢？时光流逝了，我们也变老了，一切的东西开始凋零了，甚至我的巢中的家具。亲爱的，您瞧得见即使那些表面生活在富裕环境中的人们的方面，也不是一切的东西都是玫瑰色的……"①

死亡与新生：安息的灵魂

1850 年 3 月 14 日，巴尔扎克与韩斯卡夫人终于在圣巴尔巴教堂秘密地完成了结婚仪式。之后他们一起回到了巴黎，搬进了早已准备就绪的新居。可惜，此时的他已病入膏肓。巴尔扎克给自己准备了一个完美

---

① 茨威格. 巴尔扎克传[M]. 幼明，编译. 北京：中国人事出版社，1995：366.

故居外景

的书房去完成《人间喜剧》，他计划了另外 50 部书的内容，却一行也未写出来。他双目完全失明，人们看到的他的唯一一封从新居发出的书信其实是他妻子执笔的，信后只有巴尔扎克一行潦草的字迹："我已经不能阅读或写字了。"

1850 年 8 月 17 日晚上十点半，巴尔扎克与世长辞。8 月 22 日，悼念仪式在圣鲁尔·菲力礼拜堂举行。之后，他的遗体在倾盆大雨中被送往墓地。那是巴尔扎克喜欢的地方，他的拉斯蒂涅（巴尔扎克小说中的人物）就是从那里窥探都城，向巴黎发起挑战的。维克多·雨果在他墓旁宣读了那篇著名的悼词："……人们重视的不是那些统治者，而是那些敢于思想的人，他们之中有谁去世，举国沉痛哀悼！今天，一个伟大天才的逝世，引起人们共同的悲痛。一个英明人物的谢世是全民的损失……"[1]

---

[1] 雷巴克. 巴尔扎克的错误[M]. 张秀筠，等译. 天津：天津人民出版社，1986：425.

巴尔扎克故居的雕像，让人不禁想起他的那句名言："世界上的事情永远不是绝对的，结果完全因人而异。苦难对于天才是一块垫脚石，对能干的人是一笔财富，对弱者则是万丈深渊。"毫无疑问，巴尔扎克属于他自己所说的那种"天才"和"能干的人"。《人间喜剧》早已突破了文学、社会学、历史学的范畴，成为一座很难被超越的艺术丰碑，而巴尔扎克也和雨果一起被誉为"十九世纪法国文学的双峰巨子"。巴尔扎克不算漫长却崎岖坎坷的一生，既有苦难也有成就。他静静地长眠于自己喜欢的墓地里，但也可以说，就像他小说中的主角一样，他要从拉雪兹墓园中重新出发，用他的作品去再次征服一个崭新的巴黎。

（撰稿：宫震　赵京强）

参考文献

巴尔扎克. 人间喜剧 [M]. 丁世中，等译. 北京：人民文学出版社，1997.

贝芝泉. 巴尔扎克研究资料目录 [M]. 南京：江苏省图书馆学会，1981.

茨威格. 巴尔扎克传 [M]. 幼明，编译. 北京：中国人事出版社，1995.

达尼埃勒·杜夫雷斯纳，克洛德·杜夫雷斯纳. 巴尔扎克情史 [M]. 韩沪麟，译. 郑州：河南人民出版社，2005.

郭艳，李柏林. 欲望与激情：巴尔扎克其人其作 [M]. 合肥：安徽文艺出版社，1999.

丽列叶娃. 巴尔扎克年谱：生平与创作 [M]. 王梁之，译. 北京：作家出版社，1962.

雷巴克. 巴尔扎克的错误 [M]. 张秀筠，等译. 天津：天津人民出版社，1986.

特罗亚. 巴尔扎克传 [M]. 胡尧步，译. 北京：商务印书馆，2002.